www.ingramcontent.com/pod-product-compliance
Lightning Source LLC
LaVergne TN
LVHW051104051026
849532LV00004BB/1429
* 9 7 8 9 3 5 8 7 2 6 7 2 5 *

خالی آدمی :

کچھ خاکے

ممتاز رفیق

Khaali Aadmi - kuch Khaake (Literary Sketches)
by: Mumtaz Rafiq
Edition: April '2024
Publisher :
Taemeer Publications LLC (Michigan, USA / Hyderabad, India)

ISBN 978-93-5872-672-5

کتاب	:	**خالی آدمی : کچھ خاکے**
مصنف	:	**ممتاز رفیق**
جمع و ترتیب	:	اعجاز عبید
صنف	:	خاکے
ناشر	:	تعمیر پبلی کیشنز (حیدرآباد، انڈیا)
سالِ اشاعت	:	۲۰۲۴ء
صفحات	:	۱۲۸
سرورق ڈیزائن	:	تعمیر ویب ڈیزائن

فہرست

خاکے کی زبوں حالی

سعادت حسن منٹو نے اپنے خاکوں میں فرشتوں کا مونڈن کیا اور آج ہم خاکہ نگاروں کے ہاتھوں خاکہ نگاری کا مونڈن ہوتے دیکھ رہے ہیں۔ اِن دنوں شائع ہونے والے خاکوں کے مجموعوں میں ہمیں 'فرشتوں کا اجتماع' نظر آتا ہے۔ جس میں ہر فرد دھلا منجھا اور تقریباً ہر انسانی کمزوری سے مبرّا دکھائی دیتا ہے۔ شاید منٹو کے ساتھ ہی فرشتوں کے مونڈن کا رواج بھی اٹھ گیا ہے۔ کبھی کبھی تو ایسا محسوس ہوتا ہے جیسے ہمارے خاکہ نگار اب پورے انسان کو زیرِ بحث لائے جانے کے قابل ہی نہیں سمجھتے یا پھر اُن میں سے جرأت اظہار ہی جاتی رہی ہے۔ حقیقت یہ ہے کہ خاکہ نگاری بے حد مشکل صنف ہے۔ جس کا تمام حسن ہی سچائی، دیانت داری اور اُس کے غیر جانب دارانہ اظہار میں پوشیدہ ہوتا ہے۔ خاکہ نگار کی مثال ایک ایسے فرد کی سی ہے، جو اپنے ہاتھوں میں آئینہ لیے پھرتا ہے اور جو فرد اس آئینے میں تصویر ہوتا ہے اُسے پوری ایمان داری سے بے کم و کاست کاغذ پر نقش کر دیتا ہے۔ یہ عمل بڑی ریاضت چاہتا ہے اور ہمارے ہاں محنت سے جی چرانے کا چلن عام ہے اور شاید لوگوں میں اب اتنی اخلاقی جرأت بھی باقی نہیں رہی کہ وہ پورے قد سے بولتے آئینے کا بھی سامنا کر سکیں۔ میرے نزدیک، خاکہ نگاری کی زبوں حالی کی بڑی وجہ لوگوں کا اپنی اصل سے انکار اور سچائی سے آنکھ چرانے کا وتیرہ ہے۔ خاکہ نگاری کی یہ بدحالی آج کی بات نہیں ہے۔ کیا اردو ادب کی پوری تاریخ میں

آپ کو خاکہ نگاری کا کوئی عہدِ زرّیں نظر آتا ہے؟ شاید نہیں، زیادہ سے زیادہ منٹو، عصمت چغتائی، اشرف صبوحی، شاہد احمد دہلوی اور مولوی عبدالحق وغیرہ کے دور کو خاکے کا عہدِ زرخیز قرار دیا جا سکتا ہے۔ اُس دور میں جو خاکے تحریر کیے گئے اور جن کا بہت شہرہ بھی ہوا۔ کیا وہ تمام کے تمام خاکے صنفِ خاکہ نگاری کے تمام مطالبات پورے کرتے تھے؟ میں ایسا نہیں سمجھتا، کیوں کہ اِن خاکوں میں بھی پورے انسان کو تصویر نہیں کیا جا سکا۔ ایسا کیوں ہوا، اُس پر تو بحث آگے چل کر ہو گی۔ فی الحال تو میرے ذہن میں یہ سوال سَر اٹھا رہا ہے کہ وہ کیا چیز ہے، جس نے ہمارے قلم کاروں کو خاکے کی صنف سے والہانہ دل چسپی لینے سے روک دیا؟ یہ خاکہ نگاروں کی کیسی کم نصیبی ہے کہ وہ خاکہ نگاری کا ایک عہدِ زرّیں تک دریافت نہیں کر پاتے اور بہ مشکل عہد زرخیز تک پہنچ کر اٹک جاتے ہیں۔ میرے خیال میں اِس کی ایک وجہ یہ ہے کہ خاکہ نگاری کو نہ تو کوئی بڑا خاکہ نگار مل سکا اور نہ ہی کسی اہم نقّاد نے اِس صنف پر سنجیدگی سے توجہ دی۔ حقیقت یہ ہے کہ ایک منٹو کے علاوہ ہمیں کوئی دوسرا خاکہ نگار یاد ہی نہیں آتا، جس نے ہمیں بہ یک وقت بہت سے مکمّل انسانوں کے ملاحظے کا موقع دیا ہو۔ جی ہاں، میں نے ملاحظے کا لفظ ہی استعمال کیا ہے۔ کیوں کہ میں سمجھتا ہوں کہ خاکہ بھی دراصل ایک 'قلمی تصویر' ہوا کرتی ہے۔ ایک مکمّل، زندہ اور زیادہ جان دار تصویر، جس میں صاحبِ تصویر چلتا پھرتا، ہنستا بولتا، روتا گاتا، سوچتا، عمل کرتا، محبت اور منافقت سے کام لیتا اور دانائی اور سادگی سے معاملہ کرتا دکھائی دیتا ہے اور یہ قلمی تصویر کا تحرّک ہی ہے جو خاکہ نگار کے لیے اُس کے کام کو اِس درجے دشوار بنا دیتا ہے۔ خاکہ نگاری پر بحث کرتے ہوئے انور ظہیر خان کہتے ہیں: ”خاکہ نگار کو خاکے کے چوکھٹے میں شخصیت اپنے پورے وجود اور سائے کے ساتھ آئینہ کرنی پڑتی ہے۔“ اپنے خاکہ نگاروں کی کارکردگی دیکھتے ہوئے، اُن سے یہ ایک کڑا مطالبہ ہے کہ

ابھی تو وہ پوری شخصیت کو تصویر کرنے کا ہنر بھی نہیں سیکھ سکے۔ اگر ہم اردو میں خاکہ نگاری کی تاریخ پر نظر ڈالیں تو سوائے چند چنگاریوں کے ہمیں دور دور تک راکھ بکھری دکھائی دیتی ہے۔ خاکہ نگاروں نے تو خیر بری بھلی کوششیں کی بھی ہیں۔ حیرت تو نقادانِ ادب کے رویے پر ہوتی ہے، جنھوں نے اِس صنف کو سنجیدگی سے برتا ہی نہیں۔ حد تو یہ ہے کہ ہمارے نقّادوں نے خاکہ نگاری کی کوئی جامع اور بھرپور تعریف تک مرتّب کرنے کی ضرورت محسوس نہیں کی۔ حالاں کہ یہ نقّادانِ ادب کی ذمے داری تھی کہ وہ ہمیں بتاتے کہ اِس صنف کے بنیادی اصول، اِس کی ماہیت، اِس کے تنقیدی معیار اور حدود کیا ہوں گے؟ ادب میں اِس صنف کی حیثیت اور اہمیت تو خیر بعد کے مرحلے ہیں۔ شاید یہی وجہ ہے کہ خاکہ نگاری کے نام پر، جس نے جو لکھا، اُس کے اصول اور معیارات بھی خود اُسی نے طے کیے، اور تعریف بھی وہی بیان کی جس پر اُس کی اپنی تحریر پوری اترتی ہو۔ اِس کا نتیجہ یہ نکلا کہ فنِ خاکہ نگاری قلم کاروں میں اپنا ایک اجتماعی شعور راسخ کرنے میں کامیاب نہ ہو سکا، اور عدم مرکزیت کا شکار ہوتا چلا گیا۔ بہ قول ڈاکٹر بشیر سیفی: ”ہمارے ہاں اب تک جو خاکے لکھے گئے ہیں، انھیں بڑی آسانی سے چند خانوں میں بانٹا جا سکتا ہے۔ یعنی تعارفی خاکے (چراغ حسن حسرت، رئیس احمد جعفری)، مدحیہ خاکے (رشید احمد صدیقی)، نفسیاتی خاکے (ممتاز مفتی) اور یک رخے خاکے (دوزخی، عصمت چغتائی اور جوش ملیح آبادی از شاہد احمد دہلوی) وغیرہ۔“ ڈاکٹر بشیر سیفی کی اِس تقسیم در تقسیم میں دو قباحتیں ہیں۔ ایک تو وہی خاکے کی اجتماعی شعور سے محرومی اور دوسری، انسانی شخصیت کا اپنے بہت سے رنگوں سے محروم رہ جانا۔ میرا سوال یہ ہے کہ کیا خاکوں کو خانوں میں بانٹ کر ہم اِس صنف کی حقیقی پَرداخت اور ترقی کے لیے کوئی مثبت پیش رفت کر سکتے ہیں؟ میں نہیں سمجھتا کہ ایسا ممکن ہے۔ جس طرح ہم انسانوں کو خانوں میں بانٹ کر اُن کی

کلّیت مجروح کرتے ہیں، اِسی طرح خاکوں کی تقسیم سے فن کو اُس کے اجتماعی تصوّر سے محروم کر دیتے ہیں۔ افسوس سے کہنا پڑتا ہے کہ اب جو خاکے لکھے جا رہے ہیں، اُن میں ہمیں یہی شتر گربگی کار فرما نظر آتی ہے۔ جیسا کہ عرض کیا گیا، خاکہ نگاری کی کوئی حتمی تعریف قائم نہیں کی گئی۔ اِس کا منطقی انجام یہی ظاہر ہونا تھا، جو آج ہمارے سامنے ہے، لیکن کیا ہمیں اِس صورتِ حال کو بعینہٖ قبول کر لینا چاہیے؟ کیا ہمیں یہ سمجھنے کی کوشش نہیں کرنی چاہیے کہ خاکہ دراصل کیا ہے؟ ہمیں معلوم ہونا چاہیے کہ وہ کون سے اصول ہیں، جو خاکہ تخلیق کرتے ہوئے، ہمارے پیشِ نظر رہنے چاہئیں اور وہ کون سے اجزائے ترکیبی ہیں، جن سے مل کر خاکہ اپنی تکمیل کو پہنچتا ہے۔ ہمیں یہ بھی معلوم ہونا چاہیے کہ مضمون اور خاکے میں بنیادی فرق کیا ہوتا ہے۔ شاید اس کے بعد ہی یہ ممکن ہو سکے گا کہ ہم تعارفی خاکوں، مدحیہ خاکوں، نفسیاتی خاکوں اور سوانحی خاکوں ایسی بدعتوں سے چھٹکارا پا سکیں۔ ہم جانتے ہیں کہ مضمون لکھتے ہوئے ہم ایک بنیادی سوال قائم کرتے ہیں اور پھر مختلف جہتوں سے اُس کا جائزہ لے کر اِسے سمجھنے کی کوشش کرتے ہیں۔ کسی شخصیت پر مضمون لکھتے ہوئے بھی ہمارا رویہ کم و بیش یہی ہوتا ہے، مثلاً اگر ہم کسی شاعر کے فن کو موضوع بناتے ہیں، تو اُس کے کلام کے فنّی محاسن، شاعری کے موضوعات، کلام میں لفظوں کا برتاؤ، اُس کا معنوی حسن اور نغمگی وغیرہ، ہمارے مضمون کا مواد بنتے ہیں، لیکن ہمارے مضمون کا دائرہ اُس شاعر کی شاعرانہ حیثیت ہی تک محدود رہتا ہے۔ اِس کے برخلاف، جب ہم خاکہ لکھنے بیٹھتے ہیں، تو فرد کا پورا وجود ہمارا موضوع ہوتا ہے۔ بہ قولِ انور ظہیر خان: "خاکہ نگار کو شخصیت کا سارا لیکھا جوکھا پیش کرنا پڑتا ہے۔ خاکہ کسی بھی شخصیت کا جنم پتر ہوتا ہے۔ اُس میں شخصیت کو اُس کے اصلی چہرے مہرے، رفتار و افکار اور احوال و آثار کے ساتھ ایک شگفتہ و شیریں، سلیس و رواں پیرائے میں پیش کیا جاتا

ہے۔"جب ہم کسی شخصیت کا تعارفی، مدحیہ یا سوانحی خاکہ تحریر کرتے ہیں تو گویا ہم خود کو اپنے ممدوح کی ذات کے ایک محدود حصّے کا پابند کر لیتے ہیں اور یوں ہم اُس انسان کو، پورے انسان کے طور پر پیش کرنے سے محروم رہ جاتے ہیں۔ ایسی تحریروں میں غیر جانب داری اور دیانت دارانہ سچائی سے کام لیا ہی نہیں جا سکتا۔ جس کا نتیجہ یہ ہوتا ہے کہ ہم ایک آدھی ادھوری تصویر بنا پاتے ہیں۔ سلیم احمد صاحب نے درست کہا تھا کہ محبت اور نفرت تعلق ہی کی دو صورتیں ہیں اور خاکہ نگار اِن کے بغیر اپنے فن کا اظہار کر ہی نہیں سکتا۔ میں اِس بات میں تھوڑا سا اضافہ کرنے کی جسارت کروں گا۔ میرا خیال ہے کہ محض محبت یا محض نفرت کی بنیاد پر لکھا جانے والا خاکہ شاید ہی معیاری ہونے کی سند پا سکتا ہو۔ آپ کسی فرد سے صرف محبت یا محض نفرت کا تعلق تو رکھ سکتے ہیں، لیکن اگر آپ اِس میں سے کسی ایک کیفیت میں رہ کر اُس فرد کا خاکہ تخلیق کریں گے تو خدشہ ہے کہ یہ خاکہ یک رخارہ جائے گا۔ یہاں مجھے ایک بار پھر انور ظہیر خان کے الفاظ یاد آرہے ہیں، جو خاکہ نگار کو ایک مشاہد، مصوّر اور مبصّر قرار دیتے ہیں۔ میں سمجھتا ہوں کہ خاکہ نگاری کے لیے محبت اور نفرت کا آمیزہ درکار ہوتا ہے اور بہ قول انور ظہیر خان:" شخصیت شناسی کی وہ تمیز و نظر جو سچّے اور پکّے عارف میں ہُوا کرتی ہے۔ خاکے میں توازن پیدا کرنے کے لیے ضروری ہوتا ہے کہ خاکہ نگار غیر جانب داری سے کام لے۔"میرا خیال ہے کہ محض تمیز و نظر کا ہونا ہی کافی نہیں ہوتا ورنہ خاکہ نگار اپنے ممدوح کی ایسی تصویر پیش کرے گا جو اُس کی شخصیت کا وہ عکس ہو گا جیسا کہ خاکہ نگار اُسے دیکھنا یا دوسروں کو دکھانا چاہتا ہے۔ جیسا کہ عرض کیا گیا خاکہ نگاری ایک نہایت مشکل صنف ہے۔ خاکہ نگار کے راستے میں ہزار دقتیں ہیں۔ حد تو یہ ہے کہ کبھی کبھی خاکہ نگار کے لیے اپنے ممدوح سے قربت بھی دیوار بن جاتی ہے۔ در حقیقت انسانی شخصیت کے اتنے رنگ اور اِس قدر

پہلو ہیں کہ پورے انسان کو گرفت کرنے میں خاکہ نگار ہانپ ہانپ جاتا ہے۔ ہر انسان میں بہروپ بھرنے کی ایک عجیب و غریب فطری صلاحیت موجود ہوتی ہے۔ وہ ہر آن اپنا روپ بدل لینے میں کمال رکھتا ہے۔ اُس کی کوشش ہوتی ہے کہ اُس کی ذات کا صرف وہی حصّہ ظاہر ہو جو پسندیدہ قرار پائے۔ اپنے عیوب اور کمزوریوں کو چھپانے کے لیے وہ کئی کھیل کھیلتا ہے۔ اِس کھیل میں اپنی کامیابی کے لیے اُسے سیکڑوں جتن کرنے پڑتے ہیں، ہزار نقابیں بدلنی پڑتی ہیں۔ ایک اچھا خاکہ نگار وہ ہے جس کی نگاہ اِن نقابوں میں پوشیدہ اچھے برے آدمی کو کھوج سکتی ہو اور جس کا قلم پوری صحت کے ساتھ اُسے بیان کر دینے کی قدرت رکھتا ہو۔ خاکہ نگار کی غیر جانب داری اور اپنی ذات سے بلند ہو کر دیانت دارانہ اظہار کا اصل امتحان اُس وقت شروع ہوتا ہے جب وہ خود اپنی ذات کو خاکے کا موضوع بناتا ہے۔ ایسے خاکے کم سامنے آئے ہیں، جن میں خاکہ نگار نے خود اپنی شخصیت کو چاک پر چڑھایا ہو، اور ایسا جب بھی ہوا ہے تو یا تو خاکہ نگار خود ترسی کا شکار ہو گیا ہے یا اُسے اپنی خوبیاں یا خامیاں بہت زیادہ نظر آنے لگی ہیں۔ اِس مقام پر توازن قائم رکھنا، خاکہ نگار کا اصل کمال ہوتا ہے۔ ہمیں مایوسی سے اعتراف کرنا پڑتا ہے کہ ہمارے اکثر خاکہ نگار اِن اوصاف سے محروم ہیں۔ یہاں مجھے ایک بار پھر ڈاکٹر بشیر سیفی یاد آتے ہیں، جن کا کہنا ہے: ”ہمارے یہاں ابھی تک خاکہ نگاری، ایک ثانوی صنفِ ادب کی حیثیت رکھتی ہے۔ اکثر اوقات اہلِ قلم کی وفات، تعارفی تقاریب اور شامِ اعتراف کے مواقع پر خاکے لکھے اور پڑھے جاتے ہیں جن میں اکثر شخصیت کے دونوں رخ نمایاں نہیں ہوتے۔“ میرا سوال یہ ہے، کہ اگر کسی خاکے میں شخصیت کے دونوں رخ نمایاں نہیں ہوتے تو کیا ہم ایسی تحریر کو خاکہ قرار دے سکتے ہیں؟ میرا خیال ہے کہ جن خاکوں میں صاحبِ خاکہ کی پوری شخصیت وجود نہیں پاتی ایسی تحریروں کو خاکے کی صف میں شمار نہیں کیا جانا چاہیے۔ خاکہ وہ ہے

جس میں شخصیت کے تمام رنگ اظہار پاتے ہوں۔ عام طور پر خاکہ نگاری کے اِس بنیادی مطالبے سے پہلو تہی کے لیے خاکہ نگار اپنے مزاج کے دھیمے پن، شائستگی اور رکھ رکھاؤ کو آڑ بناتے ہیں۔ اُنھیں یہ تو گوارا ہے کہ اُن کی تخلیق ادھوری رہ جائے، لیکن وہ اِس کے روادار نہیں ہوتے کہ اُن کے ممدوح کی ذات کی سلوٹوں پر روشنی پڑ جائے۔ میرا خیال ہے کہ ایسے خاکہ نگار یا تو جرأت رندانہ جیسے کم یاب وصف سے عاری ہوتے ہیں، یا پھر اُنھیں اپنے جذبات کے اظہار سے خوف آتا ہے۔ میں آج تک یہ بات نہیں سمجھ سکا، کہ جو تحریریں خاکے کے چوکھٹے میں پوری نہیں بیٹھتیں، اُنہیں سیدھے سادے طریقے سے مضمون کیوں نہیں کہا جا سکتا؟ کیا خاکہ قرار دیے جانے سے اِن تحریروں کو کوئی انفرادی خصوصیت حاصل ہو جاتی ہے، یا خاکہ نگاری، مضمون نویسی سے افضل کوئی صنف ہے؟ کیا خاکے کے نام پر کچھ بھی لکھ کر لوگ خاکے کی دَم توڑتی صنف میں روح پھونکنے کی مخلصانہ کوششوں میں مصروف ہیں؟ انور ظہیر خان نے درست لکھا ہے کہ صنفِ خاکہ نگاری ایک پامال اور نظر انداز صنف بن کے رہ گئی ہے۔ اس تمام بحث سے ایک بات تو بالکل واضح ہے، کہ خاکہ نگاری ایک بھاری پتھر ہے، جسے ہمارے اکثر خاکہ نگار محض چوم کر چھوڑ دینا ہی کافی سمجھتے ہیں۔ میں یہ بات اِس بنیاد پر کہہ رہا ہوں کہ گذشتہ چند ماہ کے دوران شائع ہونے والے خاکوں کے مجموعوں سے یہ بات صاف ظاہر ہے۔ یاد رہے کہ ان میں جناب احمد ندیم قاسمی اور محترم نذر الحسن صدیقی جیسی معروف شخصیات کے مجموعے بھی شامل ہیں۔ یہاں مجھے سلیم احمد یاد آرہے ہیں، جنھوں نے عسکری صاحب کی خاکہ نگاری کو زیرِ بحث لاتے ہوئے اُسے ایک ناکام تجربہ قرار دیا تھا اور اِس کی وجہ یہ بیان کی تھی کہ عسکری صاحب جذبات کے اظہار سے ڈرتے تھے۔ سلیم احمد نے ایک کلیدی نکتہ یہ بیان کیا تھا کہ عسکری صاحب کے لیے دوسروں سے جڑنا ممکن نہ تھا۔ گویا سلیم احمد

یہ کہنا چاہتے تھے کہ عمدہ خاکے کی تخلیق کے لیے ضروری ہے کہ خاکہ نگار جذبات کے اظہار سے نہ گھبراتا ہو اور اسے دوسروں سے جڑنے کا ہنر آتا ہو۔ سلیم احمد صاحب یہاں دوسروں سے جڑنے سے کیا مراد لے رہے ہیں؟ کیا انھوں نے جڑنے کے عمل کو ضم ہو جانے کے معنوں میں برتا ہے؟ شاید یہ ایک بنیادی بات ہے۔ میں سمجھتا ہوں کہ شاید سلیم احمد یہ کہنا چاہتے ہیں کہ عسکری صاحب خاکہ نگاری میں اس لیے ناکام رہے کہ انھوں نے خود کو بھی اپنے دائرے میں قید رکھا اور دوسروں کو بھی اِس دائرے کے نزدیک نہیں پھٹکنے دیا۔ اگر ہم عسکری صاحب کے عام رویّے کو پیشِ نظر رکھیں تو سلیم احمد کی بات درست نظر آتی ہے۔ یہاں خدشہ ہے کہ شاید سلیم احمد صاحب کے اِس بیان کو صحیح تناظر میں نہ دیکھا جائے۔ اس لیے یہ وضاحت ضروری ہے کہ محمد حسن عسکری کی ناکام خاکہ نگاری پر بغلیں بجانے کا کوئی محل نہیں ہے۔ یہ ایک بڑے آدمی کی ناکامی تھی، جو ناکام ہوتے ہوئے بھی بعض چھٹ بھیّوں کی کامیابی سے کہیں بڑی ہے۔ سلیم صاحب کے اِس بیان سے ظاہر ہے کہ عسکری صاحب کی خاکہ نگاری کے ناکام تجربے کا بنیادی سبب یہی دوسروں سے نہ جڑنے کی مجبوری تھی۔ میرا خیال ہے کہ سلیم احمد صاحب یہی کہنا چاہتے ہیں کہ جس طرح کوئی پینٹر اُس وقت تک کوئی شاہ کار تخلیق نہیں کر سکتا، جب تک وہ اپنے تخیل، خیال یا ماڈل میں پوری طرح ضم نہ ہو جائے، کیوں کہ اِس کے بغیر اُسے اُس کی تمام تر خوب صورتی یا بد صورتی یا دونوں کا عرفان حاصل نہیں ہو سکتا۔ ایک خاکہ نگار کا کام تو اس سے بھی کٹھن ہے، کہ اُسے اپنی قلمی تصویر میں، پورے وجود کو سمونے کے علاوہ، کاغذ پر آدمی کو زندہ کر دینے کا معجزہ بھی دکھانا پڑتا ہے۔ سوال یہ ہے کہ ایسے کتنے خاکے ہوں گے جو اس معیار پر پورے اترتے ہیں؟ ایسے خاکہ نگاروں کی تعداد انگلیوں پر گنی جا سکتی ہے، جنھوں نے عمدہ خاکے تحریر کیے۔ مولوی عبدالحق کا نام دیومالی،

عصمت چغتائی کا دوزخی، اشرف صبوحی کا کویل زنانہ اور مٹھو بھٹیارا، اِس کی عمدہ مثالیں ہیں۔ رہے منٹو کے گنجے فرشتے، اُن کا تو خیر کہنا ہی کیا۔ ہمارے زمانے میں لے دے کے چند نام ہیں، جن کے دَم سے خاکہ نگاری کا اعتبار قائم ہے۔ اِن میں ممتاز مفتی، آفتاب احمد خان، جناب ڈاکٹر اسلم فرّخی، قرۃ العین حیدر اور ڈاکٹر داؤد رہبر کے نام شامل ہیں۔ اِن بزرگوں کے بعد کی نسل میں بھی کچھ قلم کاروں نے خاکے لکھے ہیں، لیکن ابھی اُن کے کام کی حیثیت اور مرتبے کے بارے میں فیصلہ ہونا باقی ہے۔ اِس ساری بحث سے میرا مدّعا یہ ہے، کہ ہمارے خاکہ نگاروں نے تواتر سے اچھے خاکے تخلیق نہیں کیے۔ کبھی کبھی مجھے ایسا محسوس ہوتا ہے جیسے اِس صنف کو کسی بھی ادیب نے پوری ذمے داری اور والہانہ پن سے اختیار نہیں کیا۔ جس کسی نے خاکہ لکھا، اُس نے اِسے محض وقت گزاری کا مشغلہ سمجھا، اور شاید اِسی لیے اس کے تقاضوں پر توجہ نہیں دی۔ یہاں یہ سوال ایک بار پھر اٹھتا ہے، کہ ادیبوں اور نقّادوں کی خاکہ نگاری کی جانب سے اِس عام بیزاری کا اصل سبب کیا ہے؟ کیا خاکہ نگاری کو اِس لیے نظر انداز کیا گیا، کیوں کہ اُسے غیر اہم صنف گردانا گیا یا اِس کا سبب خاکہ نگاری کی مشکلات ہیں؟ میرے نزدیک خاکہ نگاری حقیقت کو افسانہ بنانے کا عمل ہے۔ جس کے لیے توازن، زیرکی، قوتِ مشاہدہ اور حسنِ بیاں درکار ہوتا ہے۔ اِس کے لیے ایک الگ قسم کے جوہر کی ضرورت پڑتی ہے، اور ضروری نہیں کہ ہر نثر نگار میں یہ منفرد صلاحیت موجود ہو۔ یہاں میں ڈاکٹر اسلم فرخی صاحب کا وہ تبصرہ نقل کرنا چاہتا ہوں، جو انھوں نے انور ظہیر خان کے خاکوں کے مجموعے "مت سہل ہمیں جانو" پر کیا ہے۔ ڈاکٹر صاحب فرماتے ہیں: "خاکہ نگاری کا یہ مجموعہ جرأت مندانہ اظہار، صاف گوئی، بے باکی اور حقائق نگاری کا مرقّع ہے۔" میں سوچتا ہوں کہ اگر اب اچھے خاکے سامنے نہیں آرہے، تو اِس کی ایک وجہ یہ بھی تو نہیں ہے کہ ہمارے خاکہ نگار اُن

ضروری اوصاف سے محروم ہو چکے ہیں جن کا تذکرہ ڈاکٹر اسلم فرّخی صاحب نے فرمایا، یا وہ بہ وجوہ اِس نوعیت کے اظہار سے کنّی کتراتے ہیں۔ میرے اِس سوال کا جواب آگے چل کر خود ڈاکٹر صاحب نے اپنے اسی تبصرے میں مرحمت فرما دیا ہے۔ وہ کہتے ہیں: ''ہم سچ بولنے اور سچ سننے سے گھبراتے ہیں اور ہمارے اس خوف نے ایک طاقتور معاشرتی رُجحان کی حیثیت اختیار کرلی ہے۔'' اگر ہمارے ادیب اس طاقتور معاشرتی رُجحان کے دباؤ میں سچ سے ہاتھ اٹھا چکے ہیں تو یہ ایک تشویش ناک بات ہے۔ تو کیا، یہ قیاس غلط ہو گا کہ یہی طاقت ور معاشرتی رُجحان خاکے کے ساتھ اب دیگر اصنافِ ادب کو بھی اپنی لپیٹ میں لے رہا ہے اور ہمارے عہد میں ادبی انحطاط کا ایک بڑا سبب بھی یہی ہے؟

انور ظہیر خان، خاکہ نگاری کے بارے میں مثبت اور بالکل واضح سوچ رکھتے ہیں۔ مجھے اُن کی سوچ اپنے خیالات سے قریب ترین محسوس ہوتی ہے، جس کا اندازہ اِس گفتگو سے لگایا جا سکتا ہے جس میں اُن کو بار بار حوالہ بنایا گیا ہے۔ خاکے کے بارے میں اُن کے خیالات کتنے ہی وقیع سہی، لیکن میں انور ظہیر خان کے حوالے سے یہ ضرور کہوں گا کہ خود وہ بھی اپنے اکثر خاکوں میں اُن تمام شرائط کو پورا کرتے نظر نہیں آتے جن کا اُنھوں نے اپنے مضمون میں تذکرہ کیا ہے۔

***

شہزادہ سخن

صاحب! سچ تو یہ ہے کہ لفظ دانش ور سے ہمیں اللہ واسطے کا بیر ہے۔ یاروں نے اچھے بھلے لفظ کی مٹی پلید کر کے رکھ دی۔ چند مصرعے کیا موزوں کر لیے خود کو اقلیم شعر کا شاہ زادہ گمان کر کے گردن اکڑائے پھرتے ہیں اور ایک شاعری کا کیا مذکور نثر نگار بھی چار صفحے سیاہ کر کے خود کو دانشمند قیاس کیے سینہ پھلائے پھرتے ہیں۔ مگر مجھے یہاں جس شخصیت پر قلم تیز کرنا ہے وہ الگ آدمی ہیں۔ وہ مصرعے موزوں نہیں کرتے شعر لکھتے ہیں اور اسے سنتے سناتے بھی ہیں لیکن تا حال ان کی گردن کلف سے پاک ہے۔ شاعری سے ان کی گہری وابستگی جگہ لیکن وہ نہایت سنجیدہ نثار بھی، ہیں گمان سا ہے کہ وہ کتاب چہرہ کو اپنی نثر کے شایان شان خیال نہیں گردانتے یا شاید واقف ہیں کہ یہ فورم نثر کی طوالت کا بوجھ نہیں سہار سکتا۔ کلام میں وہ انکسار اور حلاوت کہ گویا بچھے جاتے ہیں اور اگرے کسی کا کام نظر میں چڑھ جائے تو بنا درخواست تشہیر کی ذمہ داری خود سنبھال لیتے ہیں اور ایسے تیز نظر کہ اپنے گروپ کہ حوالے سے جس کی نظر میں میل دیکھیں بے دھڑک پوچھ لیتے ہیں: جناب آپ کا ایجنڈا کیا ہے؟ اب ہمارے ممدوح کو بولی ٹھولی کے محاورے اور کہاوتیں جمع کرنے کا شوق چرایا ہے۔ جس سے ان کا مشکلؒ پسند ہونا اور لسانیات سے رغبت ثابت ہے۔ میرے نوجوان دوست کام پر یقین رکھتے ہیں۔ شہرت ہو جائے تو ٹھیک مگر ان میں اس کے لیے کچھ خاص تڑپ نہیں دکھائی دیتی۔ وہ لفظ پر اعتماد رکھتے ہیں

شاید اسی کارن انہیں ذاتی حوالے سے کبھی ڈھول پیٹتے نہیں دیکھا گیا۔ ارے لیں اب ذرا یہ بھی تو دیکھیں دکھائیں کہ ہمارے ممدوح دکھائی کیسے دیتے ہیں۔ ایک سوتا جاگتا انسان جو ہمہ دم کسی خیال میں گم اپنے آپ میں الجھا رہتا ہے۔ کشادہ ماتھے کے اوپر سیاہ چمک دار بال اور سوچتی ہوئی چمک دار آنکھیں اور ستواں ناک اور پتلے پتلے ہونٹ اور ان کے عقب میں بتیس چمچماتے دانت جو جیسے زبان کی چوکی داری پر متعین ہیں اور گالوں پر ابھری ہڈیاں اور مونچھیں ہیں مگر بس ہیں ان کا مصرف سمجھ میں نہیں آتا اور داڑھی باقاعدہ نہیں لیکن پھر بھی ان کی شخصیت میں ایک رول پلے کرتی ہے اور رنگت جیسے تانبے کو مانجھ کر لش پش کر دیا گیا ہو اور تھوڑی مضبوط ان کے ارادے کی طرح اور مناسب قد کاٹھ، اچھے خاصے وجیہہ آدمی ہیں لیکن ان کی تمام دل کشی کو ان کی مصروفیت نے جیسے جھلسا رکھا ہے۔ ان کے پاس اپنے لیے وقت ہی نہیں اور اس جوانی میں یہ کوئی قابل تعریف علامت نہیں، لیکن صاحب جسے لفظ کا روگ لگ جائے وہ ایسا ہی ہوتا ہے ایک نوع کا اللہ لوگ سو وہ ہیں اور سب کو قبول ہیں تو ہم کون؟ جب داڑھی بڑھا لیں تو اچھے خاصے مفکر دکھائی پڑتے ہیں اور چہرہ چمکا لیں تو جانئیے ایک ہنسوڑ بے فکرا کھڑا ہے۔ ہمارے شہزادے کو علم کی پیاس نگر نگر لیے پھرتی ہے۔ وہ ایک ورسٹائل آدمی ہیں۔ جب ادب سے وقت چرانے کو جی چاہے تو بیگ بغل میں داب نگار خانوں کو چل دیتے ہیں۔ فلم یا ڈاکومنٹری تو جب بنے گی سو بنے گی۔ اسی بہانے بھائی کو دعوتیں اڑانے کا موقع ہاتھ آ جاتا ہے اور مشاعرے سُو الگ۔ اس کے بعد جناب کیا پوچھتے ہیں منحرفین میں ان دعوتوں اور ملاقاتوں کے چٹخارے دار قصے ایسے چلتے ہیں کہ رکنے کا نام نہیں لیتے۔ آخر بذریعہ احتجاج اس معاملے کو انجام تک پہنچایا جاتا ہے۔ ہمارے ممدوح کو اپنے گروپ کو منفرد رکھنے کا اشتیاق اپنی جگہ لیکن ادب میں ان کی سوئی جیسے شاعری پر آ کر اٹک سی جاتی ہے

مگر شاعری کے لیے ان کی للک کی بھی سن لیں۔ طے پایا کہ کارل مارکس کی نظموں کے تراجم پر پروگرام رکھا جائے گا۔ ہم مطمئن کہ بات ہو گئی اب ہفتے عشرے میں محفل جمے گی۔ ہم نے سرپٹ کئی نظمیں کمپوز کر پوسٹ بھی کر دیں۔ جناب مت پوچھیں ابتدا میں کیسا جوش خروش تھا۔ نظمیں ڈیزائن کرنے کا غلغلہ، ساتھی ایڈمن پر سستی کرنے کے الزامات اور آج اور کل اور ہم چُپ ٹک ٹک دیدم دم نہ کشیدم، کہتے بھی تو کیا؟ پھر اچانک ایک لمبی چپ اور تیز ہوا کا شور۔ جب انتظار کھینچتے اعصاب جواب دینے لگے تو نئے ڈھنگ سے یاد دہانی کرنے کی سوجھی، ہم آنجہانی کارل مارکس کو میدان میں لے آئے۔ بھلے مانس لگے معذرتیں کرنے اور لہجے میں وہ مٹھاس کہ ہم شرم سے پانی پانی۔ لیجے بات پھر کوئی ہفتے عشرے کو ٹل گئی۔ وہ تو بھلا ہو ہمارے محترم پی کیپ والے بھائی کا کہ اللہ اللہ کر کے پروگرام ہو گیا اور کیا شان دار گفتگو ہوئی۔ شنید تھا کہ موصوف بہت تیاری سے جلوہ گر ہوں گے مگر ہماری قسمت کہ ہم ان کے دانش مندانہ خیالات سے محروم رہے۔ بتایا گیا کہ وہ کسی ناگزیر مصروفیت کی نذر ہو گئے۔ اس کئی روزہ پروگرام میں آخری دن انہیں فرصت نصیب ہوئی یہ وقت انہوں نے سہولت سے تبصروں کی خواندگی میں ٹال دیا۔ نہیں! ہم یہ کہنا نہیں چاہتے کہ وہ اس موضوع پر خیال آرائی سے جان بوجھ کر کنی کترا رہے تھے اصل میں یہ ہے کہ ہمارے دوست کے لیے ادب ایک سنجیدہ معاملہ ہے اور وہ اس پر رواروی میں بات کرنے کو مستحسن نہیں جانتے، ورنہ ہمیں یقین ہے کہ اگر ان کے پاس وقت ہوتا تو ان کی گفتگو آگے چلتی اور اس میں چار چاند لگ جاتے لیں افسوس ایسا ہو نہیں سکا خیر یار زندہ صحبت باقی اور یہ تو ہم دیکھتے آئے ہیں کہ وہ ہمارے خاکوں پر سیر حاصل تبصرہ کرتے رہیں ہیں۔ ابھی حال ہی میں وہ ایک نئی تجویز کے ساتھ طلوع ہوئے۔ حسب توقع وہی شاعری کا بیراگ، ہم چیخ اٹھے: جناب نثر بھی ادب عالیہ کا حصہ ہے۔

مگر کون سنے ایک بار پھر صلح جو پی کیپ والے بھائی آگے آئے اور آج ہم یہ تحریر آپ کی نذر کر رہے ہیں۔ ممکن ہے کہ وہ اس بار بھی محفل میں موجود نہ ہوں کہ ان کی جان کو سو بکھیڑے ہیں لیکن اگر ہوئے بھی تو کیا عجب خاموش ہی رہیں کہ یہ تحریر خود ان کی ذات کے حوالے سے لکھی گئی ہے لیکن کیا ہی اچھا ہو کہ وہ اسے غیر جانب داری قاری کی حیثیت سے پڑھ کر اپنے تبصرے سے نوازیں۔ فی الوقت تو ہمیں اپنی خیر منانی چاہیئے کہ کہیں الفاظ کی یہ کند دھار ہم پر ہی نہ الٹ پڑے اور ہم اُس لطف و کرم سے جاتے رہیں جو ہمارے مہربان ہمیشہ ہم سے روا رکھتے آئے ہیں۔ چلتے چلتے یہ بھی سن رکھیں کہ ہم ان کی مخفی دل کشی اور علم اور دانش مندی اور جان کاری اور محبت اور انکسار کے قتیل ہیں اور ہمیشہ رہیں گے۔

***

اندور کا سپاہی۔۔۔ اختر پیا

اختر انجم پیا اپنے حال قال میں مست الست آدمی ہیں یہ الگ بات کہ اس قبیل کے لوگوں میں ایسے چوکس خال خال نظر پڑتے ہیں۔ انہوں نے ایک سجیلی کٹیلی جوانی گزاری اور ہر کھیل کھیلا لیکن یہ تو شاید ہم نے بیچ سے بات آغاز کر دی۔ ذرا یہ تو دیکھیں کہ یہ پیر جواں ہمارے رابطے میں کیسے آئے اور ان میں ایسا کیا دھرا تھا کہ وہ ذہن سے چمٹے رہ گئے ورنہ دن میں کتنے ہی آتے جاتے ہیں بھلا کون انہیں دل پہ نقش کرتا ہے؟ میں سوچتا ہوں انسان کو جیسے دوسری چیزیں مقدر کی جاتی ہیں ایسے ہی چند مخصوص انسان بھی اس کے نصیب میں لکھ دیے جاتے ہیں۔ صاحبو! ہوا کچھ یوں کہ ہم سب چائے خانے میں آسن جمائے غیبت کے پھول کھلانے اور شاعری کی چڑیاں پھدکانے میں منہمک تھے کہ ناگاہ م۔م مغل کی پھٹپھٹی آ کر رکی۔ اس گہری سانولی رنگت کے جوان کے ساتھ ایک خوش قامت باریش بھی تھے۔ ہماری منڈلی میں ابھی ابھی احمد عمر شریف کے تازہ گیت کی خواندگی تمام ہوئی تھی اور صاحبان شعر و ادب گیت کی تحسین کے ساتھ عمر شریف کی گیت نگاری کی ہنرکاری پر مختلف پہلوؤں سے حسب توفیق اظہار خیال کر رہے تھے۔ انسان کی تخلیق زیر کلام ہو تو اس کے لیے اس سے بڑھ کر کچھ بھی دل پسند نہیں ہوتا، ایسے میں کسی اجنبی کا در آنا دوسروں کے لیے تو قدرے کم ہاں شاعر کو یقیناً شاق گزرتا ہے۔ لیکن احمد عمر شریف کمال کا ہنر رکھتے ہیں مجال ہے کہ ماتھے پر سلوٹ تک پڑی ہو

انہوں نے نوواردان کا خندہ پیشانی سے سواگت گیا۔اُن کے دیکھا دیکھی ان کے حلقۂ اثر کے احباب نے بھی دکھاوے کے خیر مقدمی الفاظ کہے۔ دنیازادوں کا یہ ٹولہ ایسے افراد پر مشتمل تھا جنہیں اپنے نابغہ ہونے میں کسی قسم کا کوئی شک نہیں تھا اور یہ ان کے لیے خاصی گجگجاہٹ کا معاملہ تھا کہ وہ اپنے سے کم درجے کے ادبا و شعرا سے مکالمے کا ڈول ڈالیں۔ سُو وہاں کچھ دیر سناٹا بولتا رہا اور پھر وہ دوبارہ اپنی دانش کے سوکھے پھول کھلانے، موضوع کی طرف پلٹ آئے۔ محفل میں آنے والے اجنبی اختر پیا تھے۔ کسی اجنبی کے حوالے سے ابتدائی تاثر تو اس شخص کے حوالے سے مرتب ہوتا ہے جس کے تعارف سے وہ آپ کے رابطے میں آتا ہے۔ اختر پیا، م م مغل کے ساتھ وارد ہوئے تھے اور مغل کو اُس کے تیکھے چلن کے باوصف میں نے ہمیشہ پسند کیا۔ یہ جوان نوکیلی ذہانت سے مرصع ہے اور شعر لکھنے کے علاوہ کمال کی نثر لکھنے کی بھرپور صلاحیت رکھتا ہے۔ اُس کی گفتگو سے اس کا صاحب مطالعہ ہونا ظاہر تھا اور مجھے اس میں بے پناہ امکانات نظر آتے تھے لیکن جوانی کی ترنگ اور اپنے بارے میں قیاس کیے ہوئے غلط اندازے اسے کبھی کبھی غیر متوازن بھی کر دیتے ہیں۔ اس کی تخلیقی زرخیزی ہمیشہ میرے غضب کے مقابل اس کی ڈھال بن جاتی ہے۔ مجھے یاد سا آیا جیسے میں اختر پیا سے اس سے قبل بھی کہیں مل چکا ہوں اور پھر ذہن میں عزم بہزاد مرحوم کی بیٹھک ابھر آئی۔ جہاں میں نے پہلی بار م م مغل کو دیکھا تھا اور اس کے ساتھ اس وقت بھی ایک باریش تھے۔ لیکن اب اس ملاقات کی تفصیل حافظے سے اتری ہوئی بات ہے۔ اس لیے اختر پیا سے موجودہ ملاقات کو ہی نقش اوّل جانیئے اور اس میں اختر پیا کے حوالے سے میرا تاثر خاصا خوش گوار تھا۔ میں نہیں کہہ سکتا کہ اس باب میں ظاہر پرستوں کی بیٹھک میں کیا سوچا گیا ہو گا۔ ان لوگوں کو چہرے پوتنے میں اس بلا کی مہارت حاصل ہے کہ ممکن نہیں کہ آپ ان کے دل و دماغ میں ٹہلتی

بات کا بھید پا سکیں۔ اس کے لیے نظر ٹکانی پڑتی ہے اور یہاں اتنی فراغت کسے؟ میں اسی سوچ سے الجھ رہا تھا کہ میاں مغل نے اپنے ہمراہی کو اختر پیا کہہ کر مخاطب کیا۔ اب میں پورے حواسوں کے ساتھ ان نوواردان پر نظر کس چکا تھا۔ یہ پیا کیوں؟ میرے ذہن میں کھد بد ہوئی، لیکن فوراہی یہ سوال بے جواز معلوم ہوا اس طور اطوار کے انسان کو اور کہا بھی کیا جا سکتا ہے۔ ان کی شخصیت میں ایک مخفی دل کشی تھی جو مجھ ایسے کور چشم پر بھی ظاہر تھی۔ اُدھر میرے خواب و خیال میں بسنے والے ساتھی باہم آمیز ہو چکے تھے اور گیت میں ہندی الفاظ اور اس کی روایت میں عشق میں، عورت کی جانب سے چاہت کے اظہار میں اوّلیت اور جانے کیا کچھ زیر کلام تھا لیکن میرے لیے انسان سے زیادہ اہم کچھ اور نہیں اور یوں اختر پیا کی صورت میں میرے لیے ایک دل پسند مصروفیت نکل آئی تھی۔ ان میں کچھ عجب تھا جو مجھے انہیں گہری نظروں سے مشاہدے میں رکھنے پر اکسا رہا تھا۔

پیچھے کو پلٹے ہوئے بال جن میں سے بہت سے داغ مفارقت دینے کو تلے دکھائی دیتے تھے اور جو رہے سہے تھے ان پر چاندی اپنا قبضہ قائم کرنے پر اڑی ہوئی تھی۔ سلوٹوں سے بھرے کشادہ ماتھے کے نیچے بھویں جن میں کہیں کہیں چاندی چمک رہی تھی اور ان کے سائے میں دو گدلی لیکن دمکتی آنکھیں جن میں اطمینان ٹھاٹھیں مار رہا تھا، جیسے مٹّی کے چھوٹے چھوٹے کٹوروں میں ٹھنڈک نے ڈیرے ڈال رکھے ہوں اور گندم کے جھلسے ہوئے دانے ایسی رنگت اور کان اپنی حد میں مطمئن اور خشک باریک ہونٹ اور چپاتی ایسا پچکا ہوا پیٹ اور ستواں ناک اور کاندھے جیسے بوجھ سے بے دم اور دانتوں کے بیچ سے جھانکتی کھڑکیاں اور گال دھنسے ہوئے اور ان سے ملحق ہڈیاں ابھری ہوئیں اور براق داڑھی نظر انداز کیے جانے پر گلہ مند اور نحیف لمبے ہاتھوں سے جڑیں لانبی انگلیاں کہ جو

کسی فن کار کے حصے ہی میں آتی ہیں اور زیب وزیبایش سے عاری لباس اور چہرے پر ایک چوکس بے نیازی۔ اس عمر رسیدگی میں ان کی تنی ہوئی کاٹھی میں سوائے کاندھوں کے پیچ پشت پر ہلکے سے خم کے اور کوئی کجی نہ تھی۔ اختر پیا کی مجموعی شخصیت کا تاثر رواروی میں لکھی تحریر ایسا تھا۔ ان کی گفتگو پر مجھے رٹے ہوئے مکالمے کا گمان گزرا اور ان کا انکسار اور بے خیالی گویا طرے میں اڑسا ہوا پھول۔ بعض افراد کے لیے اپنی نفی ایک نوع کی روحانی مسرت کا سامان ہوتا ہے اور یہ کوئی نفسیاتی گرہ نہیں سمجھنی چاہیئے بلکہ یہ سوچا سمجھا ایک سودا ہوتا ہے جسے یہ لوگ بخوشی اختیار کرتے ہیں۔ مجھے فرقہ ملامتیہ کا خیال آیا ان کا بھی کچھ ایسا ہی چلن ہے۔ اچانک اس خیال نے سر نکالا کہ میاں ممتاز پہلی نشست میں کسی کے حوالے سے ایسی تند و تیز خیال آفرینی کسی صورت بھی مناسب نہیں ابھی تم انہیں جانتے ہی کتنا ہو؟ آدمی تو اندھے کنویں سے بھی زیادہ ڈونگا ہوتا ہے۔ میں نے فل فور سوچ کے کان کھینچے اور ہمہ تن گوش ہو گیا۔ اختر بھائی میر پور خاص سندھ کے کسی مندر کا احوال بیان کر رہے تھے جہاں وہ یوں ہی سیر سپاٹا کرتے جا پہنچے تھے۔ مندر میں پروہت اپنے سیوکوں کو گیتا کا پاٹ کرا رہا تھا، انہیں دیکھ کر اس نے اپنا کام موقوف کیا اور انہیں ہاتھوں ہاتھ لیا۔ اختر پیا کہہ رہے تھے: میں اپنی اس پذیرائی پر حیران رہ گیا۔ لیکن اختر پیا کا لہجہ اور آنکھیں ان کے اس بیان کی گواہی پر آمادہ نہیں تھیں۔ مجھے لگا جیسے انہیں اسی کی توقع تھی اور وہ پروہت بھی کوئی باخبر انسان تھا۔ اس لیے حیرت کی کیا بات لیکن وہ یہ کتھا مجھے متاثر کرنے کے لیے بھی نہیں سنا رہے تھے۔ تو پھر؟ غالباً یہ جتانا مقصود تھا کہ وہ کس درجے پر فائز ہیں لیکن یہ بھی محض میری آگاہی کے لیے تھا۔ اس میں تفاخر کا معمولی سا بھی بال نہیں تھا۔ میری سوچ پھر پابندی توڑنے کے لیے کروٹیں لینے لگی۔ انہوں نے مجھے اس راز میں شریک کرنے کا اہل کیوں خیال کیا؟ میں جاہل یہ بھید بھاؤ کیا جانوں مگر مجھے یہ نکتہ

منتقل کیا گیا ہے تو اس میں کوئی منطق تو ضرور ہو گی۔ یہ سب میں اس لیے کہہ رہا ہوں کہ اختر پیا نے یہ تذکرہ کسی مناسب جواز کے بغیر آغاز کر دیا تھا۔ خیر یہ سب شاید ذرا پہلے بیان میں آ گیا۔ چلیے اس قصے کو موقوف کرتے ہیں اور اس کے لیے ضروری تھا کہ اختر انجم صاحب کی شاعری سماعت کی جائے۔ معمولی سی رد و کد کے بعد ان کی غزل کے مصرعے ہمارے بیچ تھرک رہے تھے۔ میں نے جم کر ان کے اشعار کی داد دی لیکن سچ پوچھیے تو ایسی پُر شور جگہ پر شعر کی معنویت کیا خاک پلّے پڑتی۔ اب اسے میری کم زوری جانیئے کہ شعر میرے ذہن میں تازہ نہیں رہتا اور یوں شاعر اختر علی انجم میرے زائچے میں اپنی جگہ نہیں بنا سکا۔ (یہاں یہ اعتراف کرنا نہایت ضروری ہے کہ بعد میں مجھے ان کی شاعری کے حوالے سے نظر ثانی پر مجبور ہونا پڑا) لیکن اختر پیا کی شخصی دل کشی میرے دل پر نقش ہو چکی تھی۔ مجھے یہ زعم سا ہے کہ میں شخصیت کو با آسانی کھنگال لیتا ہوں لیکن اختر پیا کے دروازے پر علی گڑھ کا اصلی قفل پڑا تھا جسے کھولنے کے لیے مجھے خاصے پاپڑ بیلنے پڑے۔ اُن کی سادگی کی اوٹ سے جھانکتا انوکھا پن مجھے رہ رہ کر انہیں کھوجنے پر اکساتا تھا اور پھر مجھے جیسے کرید سی لگ گئی۔ اختر پیا کا کیا بھید ہے جسے وہ لاکھ جتن سے چھپانے پر تلے ہوئے ہیں اور یہ ان کا اپنے ہونے سے انکار کا معاملہ کیا ہے؟ ٹھیک ہے وہ اپنی اصل کو چھپانے میں خاصے کام یاب سہی لیکن اگر کسی کو کچھ دکھائی پڑ جائے تو اس حجت کا مطلب؟ یہ ایک چیستاں تھا جسے مجھے حل کرنا تھا۔ وہ مجھ سے ملاقاتوں میں وقفہ رکھتے تھے جس کے لیے سب سے بہترین عذر مغل کی عدم فرصتی تھی گویا وہ اس سے بندھے ہوئے تھے۔ یہ سب پینترے مجھے ازبر ہیں لیکن کیا کیجئے کسی کے احترام کی عادت پڑ جائے تو زبان اکٹر جاتی ہے۔ تاہم جب کبھی وہ باہم ہوتے میں ان کا کوئی نہ کوئی نقش اچک لیتا۔ آہستہ آہستہ مجھے اپنے اس گمان پر یقین آ گیا کہ میں ایک مشکل آدمی پر ہاتھ ڈال

بیٹھا ہوں۔ میں مدتوں الجھتا رہا کہ یہ میر پور خاص کیسے جا پہنچے اور پہلی ملاقات میں ہی خصوصیت سے اس کا تذکرہ کیوں کیا۔ میں عرض کروں کہ میرا بچپن اسی قصباتی شہر میں گزرا ہے اور جو مندر تذکرہ میں آیا میں بچپن میں اس کی کھڑکیوں سے پہروں جھانکا کرتا تھا مجھے اس میں رکھے ان کے دیوتا اور وہاں کی سجاوٹ اچھی لگتی تھی دل چاہتا تھا کہ کبھی انہیں چھو کر دیکھوں۔ اب جو انہوں نے تذکرہ کیا تو وہ سب دوپہریں گویا زندہ سلامت تصور میں آکھڑی ہوئیں۔ آپ اسے اتفاق کہہ کر آگے بڑھ جائیں میرے نزدیک تو اتفاق نام کی کوئی چیز وجود ہی نہیں رکھتی، تو پھر اس تذکرے کو اگر میں نے ایک راز سے تعبیر کیا تو کیا غلط کہا؟ مجھے اس میں کوئی شک نہیں کہ اختر پیا جس دنیا کے باشندے ہیں اس کے رنگ ڈھنگ ہم عامیوں سے الگ ہوتے ہیں۔ اختر پیا کو اعلی حضرت جناب غلام مصطفی خاں کا مرید خاص ہونے کا افتخار حاصل ہے ایسے دبنگ مرشد کا مرید خاص اگر صاحب حال ہو تو اس میں عجب کیا ہے اور یہ جو اختر پیا سب سے راضی رضا رہنے کی جستجو میں رہتے ہیں اس سے مجھے خیال گزرتا ہے کہ بندگان خدا کو خوش رکھنا بھی تو ایک نوع کی عبادت ہی ہے۔ اسی کے ساتھ یہ بھی باور کرنا پڑتا ہے کہ شاید ہمارے پیا جی مالک کو راضی کر چکے اور اب مخلوق کی طرف متوجہ ہیں۔ میں سوچتا ہوں یہ کیسا مشکل ہدف ہے کہ کوئی آدمی بیک ساعت خود کو تمام انسانوں کو راضی رکھنے پر تعینات کر لے۔ اختر پیا تربیت یافتہ انسان ہیں انہوں نے زندگی کا بڑا حصہ پاک آرمی کی سگنل کور میں خدمات سرانجام دیتے گزارا۔ اس سے قبل حیدرآباد کے لطیف آباد نمبر گیارہ میں ان کی سائیکلوں کی دکان تھی۔ یہ سائیکل بھی تو سفر کی علامت ہے اور رفتار کی بھی، میرا مطلب ہے ان کی تربیت کا آغاز تو بہت پہلے سے ہو چکا تھا اور جب وہ سگنل کور میں شامل ہوئے تو یہ براہ راست تربیت کا دوسرا مرحلہ تھا۔ فوج میں ملازمت کے دوران اختر پیا نے سگنلز کو ڈی کوڈ کرنا

سیکھا اور ظاہر ہے طویل ملازمت کے بعد جب وہ وردی نہ پہننے پر اٹل ہو گئے اور ملازمت کو لات مار دی اس وقت تک وہ اپنے فن میں طاق ہو چکے تھے۔ مجھے خیال آتا ہے کہ تصوف کے گہرے معاملات میں رہنمائی بھی تو ایک قسم کے سگنل کے ذریعے ہی دی جاتی ہے۔ اس کے علاوہ مرشد اور سالک کا رابطہ اور گفتگو بھی تو اشاروں کنایوں میں ہی ہوتی ہے۔ اس کا مطلب ہے اختر پیا کی سگنل کور میں کی ہوئی مشقت بار آور ثابت ہوئی۔ شاید آپ گفتگو کے اس قرینے سے الجھ رہے ہیں مگر کیا کیجئے کہ میرے ممدوح راہ طریقت کے مسافر ہیں اور ان کے تذکرے میں اس الجھن سے پہلو تہی مجھ ایسے نا اہل کے لیے آسان نہیں۔ اختر پیا عین آداب سلوک کے مطابق خود کو پوشیدہ رکھنے کے جتن میں رہتے ہیں لیکن عشق و مشک ایسی چیزیں ہیں جو ظاہر ہو کر رہتی ہیں مگر میں اپنے ممدوح کے انکار کے احترام میں موضوع پر مزید کلام کرنا مناسب نہیں سمجھتا۔

اب یہ بھی سن لیں کہ اختر پیا مدھیہ پردیش ہندوستان کے شہر زرخیز اندور کے سپوت ہیں۔ جس نے اپنے سنگھار دان میں تہذیب کو فنون لطیفہ، تحقیق اور تعلیم کے آمیزے کی صورت سینت رکھا تھا۔ اندور، وہ سرسبز لسانی شہر تھا جس میں تیرہ مختلف زبانیں بولی جاتی تھیں۔ اب کیا عجب اگر اس بنیاد پر اس شہر شان دار کو زرخیر لسانی خطہ قرار دیا جاتا تھا۔ ہمارے ممدوح کے اجداد عرب سے ہجرت کر کے یہاں آئے پھر اس شہر کے اسم کے ایسے اسیر ہوئے کہ یہیں کے ہو رہے۔ چچا غالب کی طرح اختر پیا کے اجداد کا آبائی پیشہ بھی سپاہ گری تھا۔ اندور پہنچ کر انہوں نے لہو گرم رکھنے کے لیے لٹھ بازی کو اپنا مشغلہ بنایا جو جہاں ایک فن تھا وہی اس دور میں مسلمان اسے ہتھیار کے طور پر بھی استعمال میں لاتے تھے۔ اختر پیا تک پہنچتے پہنچتے یہ فن ٹھٹھر کر اس طرارے تک سمٹ گیا۔ جس کا مشاہدہ ہم اور آپ کبھی کبھار ان کے رویے میں کوئی اوندھی سیدھی سن کر

دیکھتے ہیں ورنہ عجز کا تماشا ہمارے عزیز کا ہر دم کا وظیفہ ہے۔ ہر آدمی دوسروں کو جانچنے کے ڈھنگ جدا رکھتا ہے۔ اختر پیا لوگوں کی آنکھ کی پرکھ کے لیے عاجزی کا ناٹک رچاتے ہیں کہ دیکھیں تو سہی یہ سسرا کے کوس تک کی نظر رکھتا ہے؟ جس سے ظاہر ہوتا ہے کہ موصوف کسی سیدھی لکیر ایسے نہیں ہیں جیسا کہ وہ خود کو ظاہر کرنے میں جتھے ہوئے ہیں اور دوسرا یہ کہ اس سے ان کا مردم شناس ہونا بھی باور آتا ہے۔ آپ کہہ سکتے ہیں کہ اگر ایسا ہے تو کیا وجہ ہے کہ وہ م۔م۔ مغل ایسے لمڈے کو سر پر سجائے پھرتے ہیں؟ آپ کا سوال اس حقیقت کا شاہد ہے کہ آپ اس سانولے کے تعلق سے کچھ خاص واقفیت نہیں رکھتے یا شاید جیسا کہ آج کل کا وتیرہ ہے اس غریب سے آپ کو کوئی کد ہو۔ ہمارا خیال ہے کہ وہ زبان کا ذرا سا پھوہڑ ضرور ہے ورنہ اس میں ایسی کوئی مہلک کجی نہیں کہ اسے سراسر رد کر دیا جائے مگر اسی کے ساتھ ہمیں کبھی کبھار یہ گماں بھی گزرتا ہے کہ اختر پیا کہ لیے اس کا مصرف ایک پہیے یا وقت بانٹنے کی مشقت پر مقرر آدمی سے زیادہ کچھ اور نہیں ہے۔ مغل پر بھی ہماری نظر ہے مگر خیر وہ مرد ہمہ رنگ کبھی پھر سہی۔ یہ مرقع تو اختر پیا کے لیے مخصوص ہے تو یہاں تو بس وہی وہ ہیں۔

کہتے ہیں فوج کی چاکری تو حکم کی بجا آوری سے بندھی ہے لیکن لٹھ بازوں کا لہو چیز دیگر است۔ اختر پیا ملازمت کے دوران ایک بار کسی بات پر اینٹھ گئے۔ اعلان فرما دیا اب وردی نہیں پہنوں گا۔ سب دوست لاکھ سمجھاتے ہیں، قاعدے قانون جتاتے ہیں مگر زمیں جنبد نہ جنبد گل محمد۔ بس یہی ایک رٹ کہ وردی نہیں پہنوں گا۔ اب اگر آپ مست ہیں تو صاحب ہوں گے یہ تو فوج ہے۔ لیجئے بات افسر مجاز تک جا پہنچی اب پیشی اور جواب دہی کا مرحلہ اور نوبت بہ ایں جا رسید کے موصوف کو سترہ دن کے لیے پابند سلاسل کر دیا گیا لیکن مجال ہے کہ ان کے سلوٹ بھرے فراغ ماتھے پر شکن بھی آئی ہو۔ ہاں یہ ضرور

ہے کہ اس سزا کے ساتھ ہی اختر پیا کا دل اس ملازمت سے اٹھ گیا۔ راہ سلوک اور سختی جانئے لازم وملزوم ہیں قید کی یہ مدّت بھی نفس کشی کے مرحلے کی طرح گزار دی۔ انہوں نے جو کہا تھا وہ کر دکھایا وردی ایک بار کیا اتاری کہ دوبارہ زیب تن نہ کی۔ اس کے بعد ان کی یافت کا معاملہ کیا رہا یہ ہمارے علم میں نہیں لیکن ہم اس سے واقف ہیں کہ وہ فقیروں کی سی شان رکھتے ہیں اور کچھ عجب نہیں اگر اس کے بعد انہوں نے کچھ کیا ہی نا ہو۔ میں نے انہیں ہمیشہ آسودہ حال سا دیکھا بس یہ ہے کہ کبھی کبھار وہ اپنے سگریٹ کی ڈبیا میں جھانکتے ہیں کہ وہاں کچھ پھونکنے کے لیے رہا یا نہیں۔ اس کے علاوہ ان میں کسی قسم کی پریشانی کی جھلک کم از کم ہم نے تو نہیں دیکھی۔ اب ان کا مشغلہ کل وقتی مشغلہ شاعری ہے اور اپنے استاد کی حیثیت سے انہوں نے محترم نور میر ٹھی کا انتخاب کیا جن کی اصلاح نے جلد ہی ان کے کلام کو نکھار دیا اور جب وہ استاد کی جانب سے فارغ اصلاح قرار پائے تو اسی کے ساتھ استاد محترم نے انہیں اصلاح دینے کی اجازت بھی مرحمت فرما دی۔ مجھے تو جانے کیوں ایسا لگتا ہے کہ یہ شاعری بھی اصل میں تصوف کے گہرے رنگ کو اور چمک دار بنانے کا جتن ہے۔ یہاں مجھے خیال آتا ہے کہ اس قماش کے اللہ لوگوں میں ایک بات نے مجھے ہمیشہ حیران رکھا ہے کہ ان کی اکثریت جس قدر راہ سلوک کی منازل طے کرتی جاتی ہے اسی تناسب سے ان کا قلب اپنی نرماہٹ سے جاتا رہتا ہے۔ اب وہ کچھ بھی ظاہر کرتے پھریں البتہ اصل میں وہ سینے میں ایک پتھر کا بوجھ اٹھائے پھرتے ہیں۔ اختر پیا چاہے ایسے نہ ہوں گے لیکن وہ بھی ہر آن مونہہ سے جھاگ اڑاتے دکھائی دیتے ہیں۔ یہ الگ بات کہ اسے دیکھنے کے لیے آنکھ کا زندہ ہونا شرط ہے اور اسی کے ساتھ ہر دم ایک خفی جھنجلاہٹ اور برہمی ان کے مزاج میں رواں رہتی ہے۔ تاہم برسوں کی ریاضت نے انہیں اپنا آپ باندھے رکھنا خوب سکھا دیا ہے اور سوچئے تو سہی یہ کیسا کٹھن ہوتا ہوگا کہ

اس سب کے باوجود آدمی کپاس کا پھول بنا پھرتا رہے، منکسر المزاج، نرم خو اور محبتوں سے چھلکتا ہوا۔ اختر پیا ایسے ہی دکھائی پڑتے ہیں مگر جو کچھ میں نے عرض کیا

اس کا سراغ ان کے اشعار میں ملتا ہے۔:

کوئی بھی اب مری نگاہوں میں
دیر تک معتبر نہیں رہتا

اختر پیا کی پردہ پوشی کا جتن اپنی جگہ ہم بھی کسی حد تک ان تقاضوں سے واقف ہیں جن سے مجبور ہمارے ممدوح خود کو تہی دامن کہنے پر مصر رہتے ہیں مگر اس مہک کا کیا کیجیے جو ان کے کلام سے پھوٹی پڑتی ہے۔ اختر پیا کے اشعار ان کے اصرار کی نفی کرتے نظر آتے ہیں:

میں خیر و شر کی کشاکش کے درمیان رہا
میں آدمی تھا بہر رنگ آزمایا گیا

کیا کوئی عامی یہ دعوا کرنے کی جسارت کر سکتا ہے؟

تلاش تم جسے کرتے ہو اس کو، ہم نفسو
کبھی کبھی پس دیوار دیکھتا ہوں میں

اور انہیں یہ خیال کیوں آتا ہے؟

خیال آیا ہے دل میں بارہا اپنے
قبائے ہوش اتار دی جائے

اور دیکھئے کیا کسی درویش کے علاوہ کوئی اور یہ کہہ سکتا ہے؟

وہی اہل خرد کو کیوں نہاں معلوم ہوتا ہے
جو دیوانوں کو ہر شے میں عیاں معلوم ہوتا ہے

تو جناب آپ نے دیکھا سچ اپنا چہرہ چمکا کے رہتا ہے لیکن ہمیں کیا تردد کہ اگر وہ انکاری ہیں تو ہم انہیں صاحب تصوف ثابت کر کے رہیں ان کے الفاظ خود اس کا اعلان اونچی آواز میں کر رہے ہیں۔ محترم! ہمارے اختر پیا بہت گن اور کمال کے انسان ہیں ورنہ کیا جواز ہے کہ عامیوں کا انبوہ کا انبوہ ہر ساعت انہیں دائرہ کیے اپنی درخواستیں ان کے حضور گزارتا رہتا ہے؟ اب ہم اوروں کا احوال کیا کہیں یہ تو ہماری اپنی گزری ہے کہ جب طبیعت کی خرابی نے زور مارا اور ہم سماعت سے جاتے رہے تو انہیں متوجہ کیا۔ لیجیے ہمارا کہنا تھا کہ ہمارے کان بول اٹھے۔ نہیں! ہماری سماعت بحال نہیں ہوئی لیکن اک شور ہے کہ اب ہم وہ سننے سے بھی جاتے رہے جو الٹا سیدھا پہلے سن لیا کرتے تھے لیکن وہ ہمت بندھاتے ہیں کہ رفتہ رفتہ سب اچھا ہو جائے گا اور ہم بھی ایک خوش امید، یقین سا ہے کہ وہ سچ کہتے ہیں۔ سنا ہے کہ جو دوسروں کے روگ سمیٹتے ہیں ان کا بوجھ انہیں خود سنبھالنا پڑتا

ہے۔ یہ جو اختر پیا گھلے جاتے ہیں کہیں اس کا کارن یہی تو نہیں ہے ؟ مگر وہ تو کہتے ہیں ہم کیا جانیں خیر لیکن یوں بھی ہم ایسوں کے لیے یہ کہاں ممکن کہ ہم ان کی پاتال کی خبر لانے کی جستجو میں ہیں اور یہ جو کچھ بھی بیان میں آیا محض ہماری خیال آرائی ہی تو ہے۔ حیرت ہوتی ہے کہ اختر پیا جیسے کیسی کیسی اوٹ کا اہتمام رکھتے ہیں۔ ایک دن محترم نے ہمیں یاد کیا ہم احمد عمر شریف کی موٹر یا میں سوار ترنت وہاں جا پہنچے۔ نامانوس سے علاقے میں ایک پیچیدہ سی سڑک پر واقع ہوٹل میں ان کے ساتھ چائے پی اور ظاہر ہے ان کے ہمزاد مغل میاں وہاں کیوں نہ ہوتے۔ چائے سے نمٹ کر قافلے نے کوچ کیا۔ ہماری منزل ایک دوست کا فلیٹ تھا جہاں ایک مغنی ہماری دل جوئی کے لیے انتخاب کیا گیا تھا۔ ادھر ہم حیران کہ کہاں راہ تصوف کا جویا اور کہاں ساز و آواز کی محفل ؟ خیال گزرا اختر پیا شاعر ہیں ممکن ہے ان کی غزلیں سنوائی جائیں اور یہ محض کمال لحن کا تماشا ہو۔ مگر نہیں مغنی لہک لہک کر ہارمونیم پر نغمہ سرا ہے اور اختر پیا بیٹھے جھوم رہے ہیں۔ ہم ششدر کہ ماجرا کیا ہے۔ اس واجبی سی آواز و کلام پر ہمارے ممدوح کی سرشاری عجب تھی۔ اچانک مجھے ان ہی کی قبیل کی اپنی ایک بزرگ عزیزہ یاد آئیں جنہیں میں نے انگریزی نغمے پر حال کھیلتے دیکھا تھا۔ جانے ہمیں کیا سنائی دیتا ہے اور یہ لوگ کیا سن رہے ہوتے ہیں ؟ کون جانے اس میں بھی کوئی سگنل ہوتا ہو جسے ڈی کوڈ کر کے یہ نہال نظر آتے ہوں۔ بول، آواز اور سُر تو ہم انجانوں کا کھیل ہے ممکن ہے ان سب کی ان کے لیے ایک الگ معنویت ہوتی ہو۔

صاحبو ! جیسا کہ عرض کیا اختر پیا ایک تہہ دار شخص ہیں انہیں کھوجنے کی طلب میں دانتوں پسینہ آ گیا اور ہمارا یہ غرّہ بھی جاتا رہا کہ ہم انسان کو کھنگالنے میں کمال رکھتے ہیں۔ ہمیں خوب اندازہ ہے کہ یہ مرد مبہم ہم پر آشکار ہونے پر آمادہ نہیں اور جو کچھ ہم ان کے حوالے سے جان سکے ہیں وہ بس اتنا ہی ہے جتنا انہیں منظور تھا۔ ہم تو ان کی عمر

میں برکت کے لیے دعا گو ہیں اور چاہتے ہیں کہ وہ ہمارے سر پر سلامت رہیں تاکہ ان کی برکت سے ہمارے حصے میں ان کا بچا کچا آتا رہے اور ہم بھی کچّے فقیر بنے اینٹھتے پھر۔۔۔۔

***

خالی آدمی۔۔۔ ممتاز رفیق

آدمی غیر جانب داری کا خواہ کتنا ہی ناٹک رچالے، سچّائی اپنے اظہار سے باز نہیں آتی اور کسی نہ کسی موڑ پر اُسے آئینے کا سامنا کرنا ہی پڑتا ہے۔ مثلاً آپ یہ ہی دیکھیے، کہ میں کتنی مدت تک، اپنی ذات سے، ایک مجرمانہ بے خبری کا مرتکب ہوتا آیا ہوں ورنہ اپنے جوشِ قلم کاری میں وہ کون سادوست، دشمن ہے، جسے میں نے حرفوں کی مار نہ ماری ہو۔ لیکن مجال ہے جو کبھی مجھے یہ خیال آیا ہو کہ خود میری اپنی شخصیت، اِس لائق ہے کہ اُسے نوکِ قلم کے سپرد کیا جائے اور آج جب میں اپنا آپ لکھنے بیٹھا ہوں تو احساس ہوتا ہے کہ میں جو اپنے خاکوں کے لیے اِدھر اُدھر دوسروں کے اندرون میں بھٹکتا پھرا تو کیوں نا کبھی خود اپنے گریبان میں جھانک لیا۔ لیکن آپ جانیے کہ مجھ ایسی کم زور شخصیت کہ انسان کے لیے یہ پہلے بھی کب آسان رہا؟ چلیے، مان لیا کہ ضعیف العمری میں آدمی آئینوں سے کتراتا پھرتا ہے، مگر اب ایسی بھی کیا کم ہمتی کہ آدمی کا حوصلہ ہی جاتا رہے۔ لیکن اب اِس مکر کا کیا کیجیے کہ میں ایک مدّت تک اِسے بے نیازی کا نام دے کر خود کو بری الذّمہ قرار دیتا آیا ہوں۔ لیکن تا کجا، آج مجھے اپنے مقابل آنے کا فیصلہ کرنا ہی پڑا ہے۔ یہ میں ہوں ممتاز رفیق، ایک خالی آدمی، جس کے چہرے پر ہر دم کسی وحشت زدہ کا سا تاثر رہتا ہے۔ بدتہذیبی کی حد تک بڑھی ہوئی توند اور سینہ دھنسا ہوا اور کاندھے گرے گرے اور گردن، جیسے اُس میں اٹھنے کا ست ہی نہ ہو اور بالوں کی جڑوں سے جھانکتی ہوئی چاندنی جو لاکھ جتن کے باوجود دبائے نہیں دبتی اور چوڑے ماتھے پر ایک بدنما داغ اور سلوٹیں

اور بھنوؤں کے بیچ ایک لکیر اور مندی مندی بدرنگ آنکھیں اور اِن کے سِروں پر گوشت کی ننھی منی تھیلیاں اور قدرے پھیلی ہوئی ناک اور گالوں کی کھردری جلد پر، سیاہ و سفید داڑھی، جسے خواہش کے باوجود صفاچٹ کرانے کے خیال سے خوف آتا ہے اور مونچھوں کے زیرِ بار پتلے پتلے ہونٹ، جن کے عقب میں سرخی و سیاہی سے لتھڑی بتّیسی کہ جس کی دم توڑتی سفیدی کو بحال رکھنا اک امرِ محال ہے۔ شخصی دلکشی کا تو خیر کیا تذکرہ، لیکن اب بھی، جب میں ڈھنگ کا لباس زیبِ تن کرلوں، تو اچھا خاصا آدمی کا بچہ نظر آتا ہوں۔ لیکن اگر آپ میری شخصیت کے مکمل احاطے پر اصرار کریں گے تو ناچار مجھے کہنا پڑے گا کہ صاحب بس یہ جانیے کہ جیسے کوئی کباڑی کی دکان کہ جس میں چیزیں تو بہت ہیں مگر سب کی سب گرد آلود اور ایک ہول ناک بے ترتیبی لیے ہوئے جیسے اُنھیں بڑی جاں فشانی سے تشکیل دیا گیا ہے۔ یہاں یہ اعتراف کرلینے میں چنداں کوئی حرج نہیں ہے کہ میری شخصیت میں ایک سفّاک سرد مہری پائی جاتی ہے۔ جس کے باعث آدمی، اگر ڈھیٹ نہ ہو تو میرا دوست نہیں رہ سکتا۔ بات یہ ہے کے مجھ میں کم ہی کسی سے ملاقات کی للک جاگتی ہے، لیکن ناچار اگر کسی سے ملاقات کے لیے نکلنا ہی پڑے تو میں یہ فریضہ ناگواری سے نبھاتا ہوں۔ کبھی کبھی مجھے حیرت ہوتی ہے کے اِس بداطواری کے باوجود کچھ لوگ مجھے دوست جانتے اور مانتے ہیں اور یہ جو دوچار مستقل مزاج قسم کے جی دار میرے دوستوں کے حلقے میں شامل ہیں تو اِن غریبوں کو یہ خوش فہمی ہے کہ شاید اب میں اپنے شوقِ زخم کاری سے اکتا چلا ہوں، مگر یہ بے چارے کیا جانیں کہ میں سدھرنے والا آدمی کہاں؟ مجھ میں یہ جو ایک ٹھہراؤ سا آگیا ہے تو یہ تو محض واماندگی کا ایک وقفہ ہے، اور نہیں معلوم کہ کب میرا قلم پھر سے فراٹے بھرنے لگے۔ لیکن مجھے اعتراف کرلینا چاہیے کہ میں ہرگز بھی ایک نارمل آدمی نہیں ہوں۔ ورنہ کیا وجہ ہے کہ مَیں نے صلاحیت کے

باوجود قدم جما کر تعلیم حاصل کی اور نہ ہی جی ٹکا کر کسی نوکری کو نبھایا۔ سچ تو یہ ہے کہ تمام زندگی ایک سی بے خبری میں کاٹ دی۔ کبھی دیکھیے تو علی آٹو موبائلز میں کلرک کی کرسی پر کاندھے اچکائے، بیٹھا رجسٹر کالے کر رہا ہوں، اور ابھی کچھ مدت نہیں گزری کہ پاک عرب ریفائنری کی ملازمت میں دشت و صحرا کی خاک چھانتا پھر رہا ہوں۔ میں نے پورے سات برس اپنے مزاج کے برخلاف وہاں اسٹور کیپری کی مشقت کاٹی۔ اِس مدّت کے دوران میرے لیے سب سے زیادہ پُر کشش چیز وہ خانہ بہ دوشی تھی، جس سے میں بے حد لطف اندوز ہوا۔ اندرونِ سندھ، صحرا میں پورے چاند کا نظّارہ ایک عجب لطف دیتا ہے۔ اور کیرتھر پارک کے علاقے میں کھردری پہاڑی زمین پر ہوائی چپلیں پہن کر گھومتے پھرنا اپنا منفرد سواد رکھتا ہے۔ وہاں میں نے انسان کو جس قدر مجبور دیکھا، اِس سے بڑھ کر وہ شاید ہی کہیں اور مجبور ہو گا۔ مَیں عورتوں کی وہ قطاریں کسی طور نہیں بھولتا، جو ننگے پان 59 و سر پر مٹکے رکھے، میلوں پانی کی تلاش میں بھٹکتی پھرتی تھیں اور وہ مرد، جو دن بھر کی کڑی مشقت کے باوجود پیٹ بھر روٹی بھی نہیں کما پاتے تھے۔ ہمارا کیمپ ذرا اونچی جگہ پر تھا۔ جس میں قطار اندر قطار ٹینٹ لگے ہوئے تھے، جیسے فوجی کیمپ میں ہوتے ہیں۔ یہاں سے دور دور تک کا منظر صاف نظر آتا۔ وہاں ہماری دلبستگی کے بہت سامان تھے، لیکن یہ سب اُسی وقت تک تھا جب تک میں کراچی سے دور تھا، لیکن اِس شہر ناپُرساں میں قدم رکھتے ہی مجھے جوں ہی پہلا موقع ملا، میں رسہ تڑا کر آزادی سے لطف اندوز ہونے لگا۔ ہاں جب آزاد روی کی یہ مدّت دراز ہوئی، اور بے روز گاری نے گریبان پر ہاتھ ڈالنا شروع کیا، اور اپنے پرائے آنکھیں لال پیلی کرنے لگے اور مجھے بھی غلامی اختیار کر لینے کی فکر ستانے لگی۔ تو ایک دن صبح دم دروازے پر دستک، اور میں شوکت عابد کی ہم رہی میں انٹر فلو کی طرف رواں دواں تھا۔ کاپی رائٹر کی کرسی سنبھال کر ایسا لگا جیسے

بھٹکے ہوئے کو کنارا مل گیا ہو۔ میں دنیا جہان سے کہتا پھرا کہ کاغذ قلم کی مشقت تو میرا سدا کا خواب تھا، حالاں کہ حقیقت میں یہ بھی بس ایک دھوکا ہی تھا، جو میں اپنے آپ اور دوسروں کو دے رہا تھا۔ مجھے اِن چیزوں سے کوئی دل چسپی نہیں تھی۔ ابھی چار برس ہی گزرے تھے اور چیزیں پوری طرح چولوں پر بیٹھی بھی نہیں تھیں، کہ میرے دل میں پھر سے آزادی کا ارمان انگڑائیاں لینے لگا۔ اب آپ جانیے چار برس کی آمدنی میں برسوں کا بگاڑ بھلا خاک سنبھلتا؟ اور نتیجہ ۔۔۔ تو ظاہر ہے، وہ ہی ذلّت آمیز بے روزگاری اور دوستوں کی رفاقت میں ڈائیں، ڈائیں پھرنا اور مشاعرے، اور ریڈیو کینٹین میں نثری نظم اور فرانسیسی شاعری اور ادب میں روحِ عصر جیسے موضوعات پر قمر جمیل صاحب کے خطباتِ عالی شان اور اپنی کہانی "مکّھی" پر احمد ہمیش کی لن ترانیاں اور کپاس کے پھول (رئیس فروغ) کی غزلیں اور من موہنی مسکراہٹ اور ضمیر بدایونی کا ہیڈ گر اور اُدھر ڈرگ کالونی کے سلطانیہ ہوٹل میں احمد جاوید اور سراج منیر کے ادبی معرکے اور دانش ورانہ چپقلش اور شوکت عابد کی ڈیونڈی اور اسپینش شاعری کے تراجم اور ناصر سائیکو اور ثروت حسین کی رسیلی غزلیں، نظمیں اور منظر امام کے چٹکلے اور ساقی امروہوی کا پان کا کھوکھا اور پچکے ہوئے پٹھان کی چھپٹی اور باون پریوں کی مجالس جن کی ہر نشست میں جیسے میں اپنی شخصیت کے بھرے بورے میں سے کچھ نہ کچھ دانے لٹا آتا۔ میں جانتا ہوں کہ دیکھنے والے میری اِس روِش پر نالاں بھی تھے اور دکھی بھی، اُن میں سے اکثر کا خیال تھا کہ مجھے میرے دوست بگاڑ رہے ہیں، حالاں کہ کون ہے جسے کوئی بگاڑ سکتا ہو، اگر وہ خود ایسا نہ چاہے۔ یہ بے خبر جانتے ہی نہ تھے کہ کبھی کبھار آدمی کے پاس بگاڑ کے علاوہ کوئی اور انتخاب نہیں رہ جاتا۔ سچ یہ ہے کہ یہ میرا اپنا انتخاب تھا۔ آخر سَر چھپانے کے لیے مجھے بھی تو ایک چھت درکار تھی، جہاں مَیں، کچھ وقت سہولت سے گزار سکوں۔ بے گھری

میں اصل اہمیت سائبان کی ہوا کرتی ہے۔ خیر، تو یہ غریب دکھ کرتے کہ اچھا بھلا با صلاحیت انسان ایسی بدحالی جھیل رہا ہے، لیکن سچ پوچھیے تو اُس وقت، وہی محفلیں جیسے میرے لیے جائے پناہ تھیں۔ آپ سوچیے نا، جُوے کی اُن محفلوں ہی میں تو میرے لیے اپنی ذات کی نفی کے ہزار سامان تھے، اور پھر خود ترسی کے لاکھ مواقع۔ اب میرے لیے بس یہ مشغلہ رہ گیا تھا، کہ میں، شعر لکھتا، چائے خانوں میں وقت برباد کرتا اور شکم سیری کے لیے دوسروں کے رزق میں نقب لگایا کرتا۔ اِس روزمرہ کی مشق نے مجھ میں کمال کا اعتماد پیدا کر دیا تھا اور مجھ میں، جانے اَن جانے لوگوں سے قرض طلب کرنے میں مہارت اور بے باکی پیدا ہو چلی تھی۔ شاید میں خودداری کے وصف سے بالکل ہی عاری ہو جاتا کہ جمال چوکور (جمال احسانی) اور اسیر اوقات (شوکت عابد) کی ملی بھگت سے مجھے ایک بار پھر ''راز دار ڈائجسٹ'' میں پروانۂ غلامی قبول کرنا پڑا۔ اب اِس کے علاوہ میں کیا کر سکتا تھا کہ سب کچھ بھول بھال کر پرچے کے لیے تراجم کرتا اور کہانیاں لکھتا۔ ہمیشہ کی طرح نثر، ایک بار پھر میرا سہارا بن گئی تھی۔ جلد ہی جملہ ساز (نصیر ترابی) نے جو اِس ادارے کے نگہبان تھے۔ انھوں نے غالباً میرے کام سے خوش ہو کر جمال احسانی کو مشورہ دیا کہ مجھ سے قسط لکھوائی جائے، اور یوں میری لکھی ہوئی ''حرام خور'' کی پہلی قسط کسی اور کے نام سے، راز دار کے صفحات کی زینت بنی۔ لیکن راز دار کو تو بند ہونا ہی تھا کہ جمال احسانی کی مراد و منشا ہی یہ تھی۔ خیر، تو میں عرض کر رہا تھا کہ میں پھر سے مصروف ہو گیا تھا، اور لوگ حیرت سے سوچ رہے تھے کہ کیا یہ وہی آدمی ہے، جس نے مدّتوں مفت کی روٹیاں توڑی ہیں۔؟ وہ جانتے ہی نہیں تھے کہ جب تک میں کچھ نہیں کرتا، بس اُسی وقت تک کسی کند درانتی کی طرح کونے میں پڑا رہتا ہوں۔ لیکن جب کچھ کرنے پر جٹ جاؤں، تو پھر میرے لیے ہر چیز جیسے پانی ہو جاتی ہے اور اس میں میرا اپنا کوئی کمال نہیں ہے۔ بس

ہوتا یہ ہے کہ میں جو کام کرنے کا فیصلہ کرتا ہوں، اُسے جیسے اپنی فنا و بقا کا مسئلہ بنا لیتا ہوں۔ شاید یہی وجہ ہے کہ اتنی بہت متضاد اور مختلف حیثیتوں میں کام کرنے کے باوجود مجھے کبھی بھی کوئی مشکل پیش نہیں آئی۔ بی پی کمپنی کے پیکر سے لے کر اجمل ایاز میڈیکل اسٹور کی سیلزمین شپ اور علی آٹوموبالز میں کلرکی سے اسٹیل ملز کی ڈپٹی منیجری تک اور اِس کے علاوہ اسٹور کیپنگ، سب ایڈیٹری اور کاپی رائٹنگ تک، غرض کون سا کام ہے جو میں نے کیا نہ ہو؟ بس یوں سمجھیے کہ ایک رنگارنگ شاہ راہ ہے، جس پر میں گردن اٹھائے چلا جا رہا ہوں۔ لیکن ممکن ہے آپ کے ذہن میں یہ سوال کلبلا رہا ہو کہ آخر کیا وجہ ہے کہ بار بار اور بہت جلد میری ملازمت کا سلسلہ منقطع ہو جایا کرتا ہے؟ تو اِس کا جواب بھی سن لیجیے۔ اگر آپ مجھے ایک اعتراف کی اجازت دیں تو میں عرض کروں گا کہ مجھے لگتا ہے کہ شاید میں ہمیشہ اُس اعتماد سے محروم رہا ہوں، جو آدمی کو، کہ اگر وہ نشانے پر ہو، تو بھی، اُسے زمین پر قدم جمائے کھڑے رہنے پر آمادہ رکھتا ہے۔ مَیں جانتا ہوں کہ ملازمت میں آدمی کی ذلّت کے ہزار سامان ہوتے ہیں۔ اُسے اُنھیں برداشت کرنے کا عادی ہونا ہی پڑتا ہے، مگر کیوں کہ میں زندگی کے ایک بڑے حصّے تک یہی سب کچھ برداشت کرتا آیا ہوں، شاید اس لیے اب مجھ میں کڑوی بات اور آنکھوں کا بدلا ہوا رنگ برداشت کرنے کا حوصلہ باقی نہیں رہا۔ اب جب کبھی ایسا ہوتا ہے تو میں تُرنت ہاتھ جھاڑ کر اپنی راہ لیتا ہوں۔ دیکھیے، پھر ایک "کیوں" نے آپ کے ذہن میں ادھم مچا رکھا ہے، اور شاید آپ دور کی کَوڑی لاتے ہوئے، میرے بچپن کے بارے میں سوچ رہے ہیں، کہ شاید وہاں آپ میری ذات کے اِس الجھاوے کو کھوج نکال لیں گے، لیکن میں آپ کو باز رہنے کا مشورہ دوں گا۔ الجھی ہوئی بھیگی ریشمی ڈور کے سرے کو کھوجنا زیادہ دانش مندانہ بات نہیں ہوتی۔ اب کیا ہو سکتا ہے اگر میری شخصیت میں اس قدر پیچ پڑے ہوئے ہیں، اور یہ تو

آپ جانتے ہی ہیں کہ کبھی کبھی شکاری خود بھی تو شکار ہو جایا کرتا ہے۔ لیکن اگر اِس کے باوجود آپ میرے بچپن کا احوال جاننے پر بہ ضد ہیں۔ تو صاحب، میرا بچپن تو ملیشیا کی قمیصوں اور بھڑ گڑی اسکول کی ٹوٹی پھوٹی زرد عمارت اور بائیسکل پر بازار کے کوڑی پھیرے سے بندھا ہوا ہے۔ جی ہاں! میں جانتا ہوں کہ آپ کے ذہن میں سوالات نے شور مچا رکھا ہے۔ مثلاً یہی، کہ یہ ملیشیا کی قمیصوں، بھر گڑی اسکول اور بائیسکل کا کیا قصّہ ہے؟ تو جناب یہ ضروری تو نہیں ہے کہ جس بات کا تذکرہ کیا جائے، اُس کی جزئیات ضرور بیان میں آئیں۔ مگر کہاں؟ ۔۔۔ مجھے معلوم ہے، آپ یہ تفصیل سنے بغیر باز آنے والے نہیں ہیں۔ اچھا!۔۔ تو سن لیجیے یہ غربت کا دکھڑا ہے اور نہ ہی سوتیلے پن کا کوئی قصّہ، یہ تو بس ایک مثلث کی جکڑ بندی ہے۔ اِس مثلث میں دو عورتیں اور ایک مرد شامل تھا۔ دو سگی بہنیں، جن میں سے ایک اُس مرد کی محبوبہ اور دوسری اُس کی بیوی تھی اور یہ مرد کون تھا؟ جی ہاں، یہ میرے والد محترم تھے۔ مَیں اِس تعلق کے بھید کو سمجھتا اور جانتا تھا۔ اِس لیے میں نے ہمیشہ ناراضی، برہمی اور تلخی سے اس نامناسب بات پر اپنا ردعمل ظاہر کیا۔ میرے اِس ردعمل کا سبب یہ نہیں تھا کے ایک مرد، ایک عورت سے محبت کرتا ہے۔ وجہ یہ تھی کے میں یہ سن چکا تھا کہ یہ آدمی فوج میں ملازمت کے دوران بھی میڈیکل کور کی نرسوں کے ساتھ ایسے ہی معاملات میں ملوث رہ چکا ہے۔ جس کا مطلب یہ تھا کے میری ماں اور خالہ دونوں ہی کو دھوکا دیا جا رہا تھا، اور ظاہر ہے کوئی معقول آدمی ایسی ناانصافی پر خاموش نہیں رہ سکتا، اور کیوں کہ میرے مزاج میں ہمیشہ سے ایک شدت رہی ہے، اِس لیے میرے اِس احتجاج کو ایک تیز دھار کے کلہاڑے کی ضرب کی حیثیت حاصل رہی، اور نتیجہ؟ ۔۔۔ تو ظاہر ہے میری اِس جائز بات پر مجھے سزا تو دی نہیں جا سکتی تھی، لیکن میں واضح طور پر اپنے والد اور خالہ کی نظروں میں اپنے لیے ایک

ناگواری، عدم توجہ اور تحقیر دیکھتا۔ میر پور خاص سندھ کے گرد آلود فٹ پاتھوں پر بیٹھے، ٹٹ پونجیہ درزیوں کے ہاتھوں سلی ہوئی ملیشیا کی قمیصوں اور کانوینٹ میں تعلیم حاصل کرنے والے اپنے بہن بھائیوں کے بر خلاف بھر گڑی اسکول میں میرا زیر تعلیم رہنا بھی، میرے اِسی احتجاجی ردعمل کے جواب میں پھوٹنے والی چنگاریاں تھیں۔ پھر حربے ضربے تحقیر اور نوکروں کا سارویہ اور ذرا ذرا سی بات پر بازاروں کو دوڑانا بھی اسی رویے کے مختلف مظاہر ہیں۔ آپ کو اپنے بچپن کا ایک واقعہ سناتا ہوں تاکہ آپ اندازہ لگا سکیں کہ ان دنوں مجھ پر کیا گزرتی ہوگی۔ مَیں کوئی آٹھ یا دس برس کا رہا ہوں گا۔ ایک دن گھر میں بیسن کا حلوا پکا والدہ نے قتلے جمانے کے لیے حلوے کو ایک تشت میں رکھ دیا۔ مجھے یہ حلوہ بہت پسند تھا۔۔۔ اپنے بچپن کی طلب سے مجبور ہوکر مَیں نے ایک ٹکڑا اٹھالیا، شامت اعمال کے اسی وقت والد صاحب وہاں سے گزرے، مجھے حلوے کا ٹکڑا کھاتے دیکھ کر جیسے ان پر جنون سوار ہو گیا۔ انھوں نے پورا تشت زمین پر الٹ دیا، اس حلوے کو اپنے پیروں سے کچلا اور مجھے مجبور کیا کے میں وہ حلوہ زہر مار کروں۔ آگے کی جانے دیں۔۔۔ یہ بڑے دکھ کی بات ہے، لیکن حقیقت یہی ہے کہ جب تک والد صاحب جیتے رہے۔ میرا اُن سے ہمیشہ ایک قسم کی لاتعلقی کا تعلق قائم رہا۔ مَیں اپنی ماں کو دیکھ دیکھ کر کڑھتا تھا اور نتیجے میں، میرے اندر چپکے چپکے دھکتا، پھیلتا، نفرت اور غصّے کا الاؤ تیز تر ہوتا چلا گیا۔ اپنی ذات اور ارد گرد سے لاتعلقی اور بے پرواہی کا رویہ، جس نے آگے چل کر مجھ میں ایک بے ہودہ نیاز مندی اور جھوٹے انکسار، اور اپنی ذات تک پر عدم اعتماد کو وجود دیا۔ اِس تمام گفت گو سے میرا مقصد، ہرگز کسی کی ہم دردی سمیٹنا نہیں، کیوں کہ جو کچھ ہوا وہ میرا اپنا انتخاب تھا۔ میرا بچپن تو ایک ایسے سفر کی روداد ہے۔ جس میں ریل گاڑی اندھیرے میں بغیر کہیں ٹھہرے، بس بڑھتی چلی گئی۔ اپنے بچپن کے حوالے سے میری یادداشت میں

کوئی خوش گوار یاد محفوظ نہیں ہے۔ اگر کچھ یاد ہے، تو بس، اپنے باپ کے پیروں کا کچلا ہوا حلوہ، جس کے لیے میں اپنی معصومیت کے باعث مچل گیا تھا اور پھر یہ حلوہ اِس شکل میں مجھے کھانا پڑا تھا یا پھر اپنے والد کی جانب سے باقاعدہ اسکول نا جانے کی ہدایت اور۔۔۔اور۔۔۔۔ جانے دیں۔ اب اِس سب کے بیان سے کیا حاصل، بس سچ تو یہ ہے کہ میں نے بچپن دیکھا ہی نہیں۔ ایک نوجوانی ہے، جو میں نے کراچی کی شاہ راہوں پر عالم اشتعال میں رلتے ہوئے گزار دی۔ میں نے علم کی طلب کو کنارے رکھا اور خاندان کی عزّت کو بٹّا لگانے کی غرض سے، کسی گھٹیا کام سے گریز نہیں کیا۔ اُن دنوں اِس عمل میں ایک عجب لطف آتا تھا۔ یہ وہ دور تھا، جب میں نے کسی حد تک دانستہ اپنی بربادی کی بنیاد رکھی۔ اسکول سے بھاگ کر فلمیں دیکھیں، یا دن کسی پارک میں غارت کیے، پتنگیں بیچیں۔ دن ہوٹلوں اور شامیں سڑکوں پر آوارہ گردی کرتے، برباد کیں۔ غرض، جی بھر کر خود کو ہر بری عادت میں ملوث کیا اور جس قدر ہو سکا، بدنامی اور ذلت سمیٹی۔ لیکن اگر آپ سوچ رہے ہیں کہ یہ کسی ذہنی مریض کی روداد ہے، تو آپ کا خیال غلط ہے۔ میں اچھا خاصا ہوش مند انسان ہوں۔ خیر، تو میں کہہ رہا تھا کہ وقت کی رتھ دوڑتی رہی اور میری شخصیت کے دانے بٹتے بکھرتے رہے۔ میرے دن چائے خانوں اور راتیں مشاعروں میں کٹتی تھیں۔ لیکن اس تمام ترکج روی کے باوجود میں خود کو حسب منشا برباد کرنے میں ناکام رہا، کہ اِسی دور میں مجھ میں تخلیق کا کوندا لپکا۔ ظاہر ہے، جب آدمی دن رات شاعروں، ادیبوں کے ساتھ گزارتا ہو تو وہ کب تک خود کو لفظ سے رشتہ جوڑنے سے باز رکھ سکتا ہے؟ اِن دنوں احمد جاوید، سراج منیر، ثروت حسین، فراست رضوی، افضال احمد سید، شوکت عابد، سید ساجد اور منظر امام میرے ہر دم کے ساتھی تھے، اور ریڈیو، جہاں میں سال بھر معاون پروڈیوسر رہا۔ وہاں قمر جمیل، سلیم احمد، ضمیر علی بدایونی اور رئیس فروغ

وغیرہ کی دانش ورانہ توجہ اور من موہنی مسکراہٹیں تھیں۔ اِس کے علاوہ ریڈیو کینٹین، جہاں اُس زمانے میں ادب کے جدید رجحانات اور روایت پرستی اور راں بو اور بودلیئر اور سارتر اور جدید تر ادب اور نثری نظم اور اسپین کی شاعری اور نقاد کے رول وغیرہ کا غلغلہ مچا ہوا تھا۔ اِس ماحول نے مجھے اپنی ڈگر بدلنے پر مجبور کر دیا۔ اہلیانِ ادب کی یہ دنیا میرے لیے بالکل ایک نئی قسم کی چیز تھی۔ ایک نہایت دل چسپ تجربہ، کبھی مجھے لگتا جیسے یہ سب بے حد معصوم اور پانی کی طرح خالص لوگ ہوں اور کبھی سوچتا کہ میں اپنے سے بڑے گروہ منافقین میں آ پھنسا ہوں۔ لیکن عجب بات یہ تھی کہ میں نے ان میں سے اکثر کو بس اپنے خلاف آگ دہکاتے دیکھا۔ مجھے کہہ لینے دیجئے کہ میرے لیے یہ ایک نہایت دلپذیر دنیا تھی۔ جیسے ایک کہکشاں جس میں ڈولتے ہوئے میں نے ادب کا قرینہ سیکھا۔ مجھے اعتراف ہے کہ اگر مجھے یہ دوست اور صحبتیں نصیب نہ ہوتیں تو میرا اشتعال میری شخصیت کو مسخ کر کے مجھے ایک بالکل مختلف آدمی بنا چکا ہوتا۔ لیکن حقیقت سے فرار، جھوٹ، خود ترسی اور بے اعتمادی جیسی کم زوریاں گویا میری ذات میں گندھی ہوئی ہیں میں انھیں پورے طور پر تو ختم نہیں کر سکا لیکن مجھے لگتا ہے کہ اب ان کا زور ٹوٹ چکا ہے۔ میں نے لفظ سے تعلق تو استوار کر لیا تھا لیکن اس بندھن کو بحال رکھنا بھی کوئی آسان کام نہیں تھا۔ یہ تعلق بھی تو ایک الگ قسم کے جنون کا متقاضی تھا۔ اسی کے ساتھ لفظ اختیار کر لینے کے بعد مجھ میں نئی قسم کی قوت کا احساس پیدا ہو چکا تھا اور کیوں کہ مجھ میں آگ بھری ہوئی تھی شاید اسی لیے آگے چل کر میں نے انگارے تحریر کئے۔ میں جب تک نظمیں غزلیں لکھتا رہا سب امن امان رہا لیکن جوں ہی میں نے نثر سے ناتہ جوڑا تو یہ گویا ایک وبال کی ابتدا تھی۔ مجھے آج بھی یاد ہے کہ جب میں نے اپنی پہلی نثری تحریر ”آدھا آدمی ۔۔۔ راشد نور“ مکمل کی تو گویا مجھ پر کسی شیطان کی سی بشاشت طاری تھی اور

مندی ہوئی آنکھیں جیسے جگمگ جگمگ کر رہی تھیں۔ ابتدا میں تو ایسا لگا جیسے میرے ہاتھوں میں کوئی کند تلوار آگئی ہو۔ میں دوست دشمنوں کو اوچھے واروں سے لہولہان کر رہا تھا۔ جلد ہی مجھے احساس ہوا کہ ایک الگ قسم کی حقارت، ناگواری اور ناپسندیدگی میرے گرد منڈلا رہی ہے۔ میں نے سنا کہ ادب کے ممتاز افراد کے ماتھے میرے تذکرے پر شکن آلود ہو جاتے ہیں۔ اور پھر مجھے محفلوں میں نظر انداز کیا جانے لگا اور دوست باقاعدہ میری تحقیر پر اتر آئے۔ محفلیں تو خیر مجھے کبھی بھی مرغوب نہیں رہی تھیں کہ تنہائی میں آدمی کو جاگتی آنکھوں خواب دیکھنے میں زیادہ سہولت رہتی ہے لیکن میرے جیسی بگڑی ہوئی نفسیات والوں کے لیے یہ تحقیر آمیز رویہ اور نظر انداز کیا جانا کسی کاری زخم سے کم نہ تھا۔ میں نے اِس کا توڑ یہ نکالا کہ بھائی اجمل سراج کی پیش کش سے فائدہ اٹھاتے ہوئے ''جسارت'' کے ادبی صفحے پر تلخ و تیز کالم نگاری کا آغاز کر دیا۔ اب ادب اور صاحبانِ ادب میرے نشانے پر تھے۔ یہ ہر ہفتے کا کھیل تھا۔ اِس میں کوئی شک نہیں کہ میں نے ہمیشہ دیانت داری سے کام لیا، لیکن مجھے اپنی سفاکئ قلم سے کوئی انکار نہیں ہے۔ اب میں جس تقریب میں چاہتا، دندناتا ہوا گھس جاتا اور پھر اُس کے حوالے سے مارا ماری کا طومار باندھ دیتا۔ جو احبابِ ادب میرے کالم کا موضوع بنتے، اُن کی طبیعت جھک ہو جاتی اور اُن بے چاروں کے مخالفین، شہر بھر میں، بغلیں بجاتے پھرتے۔ لیکن میری طبیعت میں ٹھہراؤ کہاں۔ سال بھر کے اندر ہی، میرا جی اکتا گیا اور میں نے کالم نگاری بہ یک قلم موقوف کر دی۔ دراصل اِس کالم نگاری سے میری ایک شناخت سی بن چلی تھی۔ اور یہ احساس مجھ پر، ہمیشہ ایک وحشت سی طاری کر دیتا ہے، اور جب کبھی ایسا ہوتا ہے۔ میں سب کچھ چھوڑ چھاڑ کر، ایک نئی سمت کو لپک لیتا ہوں۔ شاید لوگ سچ ہی کہتے ہیں، کہ میرا راستا روکنے کے لیے، کسی دشمن آواز کی ضرورت نہیں ہے۔ کہ میں خود، اپنی راہ کی سب سے بڑی

دیوار ہوں۔ اور پھر انور سن رائے مجھے صحافت میں کھینچ لائے اور میں حسبِ سابق پبلک اخبار میں بھی چل نکلا۔ ترجمہ کرنا تو خیر مجھے آتا ہی تھا، سرخی نکالنا اور خبر بنانا میں نے یہاں سیکھ لیا۔ پھر چند ہی روز بعد مجھے ادارتی صفحے کی انچارجی مل گئی اور میں نے تیز و تند اداریے لکھنے شروع کر دیے۔ شاید روزنامہ پبلک، میرا مستقل ٹھکانہ بن جاتا۔ لیکن ایک دن، میرے نیوز ایڈیٹر نذیر لغاری کو ٹھٹھول سوجھا اور مجھ سے استعفیٰ طلب کر لیا گیا اور میں، ہاتھ جھاڑ کر دفتر سے نکل آیا۔ لیکن یہ صحافت بری لت ہے، چھوٹے نہیں چھوٹتی۔ میں نے ایک کے بعد ایک، غرض کتنے ہی اخبارات میں کام کیا اور یوں دس برس بیت گئے۔ لیکن صاحب! ہم ایک وضع دار آدمی ہیں، مجال ہے جو کہیں، کمر ٹکا کر کام کیا ہو۔ سب ایڈیٹر کی حیثیت سے، صحافت کا آغاز کیا اور اسی حیثیت میں ریاست کے اِس تیسرے ستون کو خیر باد کہا۔ آپ خود انصاف فرمایئے، کہ اب میں کوئی پتھر تو ہوں نہیں کہ ایک جگہ پڑا رہتا۔ میں تو پانی ہوں اور میرا تو کام ہی بہتے رہنا ہے۔ اب یہ اور بات ہے، کہ اگر، کنارے کٹے پھٹے ہوں، تو آخر کار ڈوبنے کے لیے چلّو بھر پانی بھی میسر نہیں آتا۔ آپ دیکھیے نا، کہ کام تو میں نے کیا نہیں کیا، لیکن تجربے کے نام پر، میرے پلّے میں کیا دھرا ہے؟ میں تو بس بہے جا رہا ہوں۔۔۔ لیکن اگر آپ پوچھ لیں کہ کہاں؟ تو مجھ سے شاید ہی کوئی جواب بن پڑے۔ آپ سوچ رہے ہوں گے کہ میں عجب بے ڈھنگا آدمی ہوں، اور میں بھی تو، یہ ہی چاہتا ہوں، کہ آپ میرے حوالے سے، اِن ہی خطوط پر سوچیں۔ کہ یہ بے ڈھنگا پن تو اُس کردار کا لازمی حصّہ ہے۔ جو میں نے، خود اپنے لیے، منتخب کیا ہے۔ بے نیازی اور بے خبری کا تاثر دیے بغیر، بھلا میں، اپنا یہ تماشا کیسے جاری رکھ سکتا ہوں؟ ورنہ حقیقت تو یہ ہی ہے، کہ شاید ہی کوئی چلتّر ہو، جو مجھے آتا نہ ہو۔ اور میری یہ بے غرضی۔۔۔ جانے دیں جناب! میرا دل بھی ارمانوں اور امنگوں سے بھرا ہوا

ہے۔ لیکن کبھی کبھی میں اپنی شخصیت کے اِس دورخے پن سے اکتا سا جاتا ہوں۔ مثلاً یہی، کہ بہ ظاہر میں نفرت سے ابلتا ہوا نظر آتا ہوں، لیکن در حقیقت، محبت میرے بدن میں، لہو کی طرح دوڑتی ہے، اور میرا یہ جاہ و جلال اور بات بات پر بھڑک اٹھنا، تو اُس کی حیثیت بھی چائے کی پیالی میں اٹھنے والے اُبال سے بڑھ کر، کچھ اور نہیں ہے۔ اگر میں، کبھی کسی پر، برس پڑوں تو ذرا ہی دیر بعد، ایک پچھتاوا سا دل میں گھر کر لیتا ہے اور میں خاموشی سے کڑھتا رہتا ہوں۔ ہاں، بچّوں پر، تو جیسے میری جان جاتی ہے، اور مجھے کوئی شرمندگی نہیں کہ میں، اکثر بچّہ بنا رہتا ہوں۔ یہ سب تو ہے لیکن بے یقینی اور بے بسی کا احساس اور نامعلوم کا خوف، مجھے ہمیشہ پس منظر میں رہنے پر مجبور رکھتے ہیں۔ کبھی کبھی لگتا ہے کہ جیسے میرے حصّے کی خوشیاں، راحتیں اور راستے، جیسے آپس میں الجھ کر رہ گئے ہوں۔ میری یادوں میں تابناک ترین چیز، میرا عشق ہے۔ جس نے مجھے بے حد پامال کیا۔ وہ لڑکی جو ہمیشہ میرے بدن کی مہک بنی رہی۔ مجھے، محض اِس لیے نہ مل سکی، کیوں کہ میں نے، عشق کو سراسر ایک سادا سچّا کھیل خیال کیا، اور وہ تین ستارے، جو میرے ماتھے پر دمکتے ہیں۔ انھیں میرے لیے کسی اور لڑکی نے تخلیق کیا۔ اور یہی وہ لڑکی ہے۔ جس نے مجھ میں، جینے کا حوصلہ پیدا کیا اور ہر برے بھلے راستے پر، میرے رستے کا چراغ بنی رہی۔ اب اِس لڑکی نے مجھے چھت کا عادی بنا دیا ہے اور میرے گھر کی کھیتی بھی خوب پھل پھول رہی ہے۔ اب میرا گھر نانا بابا، دادا بابا کی دل آویز آوازوں سے گونجتا ہے۔ اب میں تشہیر کے شعبے میں آکر ٹک سا گیا ہوں، لیکن یہ تو بس میں ہی جانتا ہوں، کہ میرے لیے، ثابت قدمی کے معنی کیا ہیں؟ مجھے اپنی ذات سے عشق ہے، لیکن افسوس، عشق کرنے کا سلیقہ، مجھے کبھی نہیں آسکا۔ میں جانتا ہوں، کہ میری شخصیت کے کھیل کھیل بورے کو رفو کرنے پر، کوئی آمادہ نہیں، اور اگر ہو بھی جائے، تو اب میرے پاس دھرا کیا ہے؟ مجھے

معلوم ہے، کہ مَیں روز بہ روز زیادہ ترش، تیز اور کڑوا ہوا جاتا ہوں، اور وہ آئینہ بھی، کہ جس پر، مجھے بے حد ناز ہے۔ اب پورا عکس، منعکس کرنے سے قاصر ہے، اور اب، میری بنائی ہوئی لفظی تصاویر کے چہرے، زیادہ مسخ نظر آتے ہیں۔ لیکن کسی نے سچ کہا ہے کہ آدمی، اپنی تحریر میں، خود اپنا آپ لکھا کرتا ہے۔

***

سرف سے دھلا آدمی۔۔۔ مبین مرزا

میرے لکھے ہوئے اس خاکے کے لیے یہ عنوان ہمارے کرم فرما اور معروف ادیب و مدیر جناب آصف فرخی کا عطا کردہ ہے، جن کا خیال ہے کہ ہمارے ممدوح سمندر کے جھاگ کا سا اجلا پن رکھتے ہیں۔ ہم حیران ہیں کہ انسان کی سادہ دلی اور خوش نظری اُسے کیسے کیسے مغالطوں میں مبتلا کر سکتی ہے، لیکن اگر ہمارے ممدوح واقعتاً سرف سے دھلے منجھے آدمی ہیں تو اس میں ہمارے لیے تشویش کے ہزار پہلو ہیں، مثلاً یہی کہ ہم جانتے ہیں کہ سرف داغ دھبے ہی صاف نہیں کرتا، رنگ بھی دھو ڈالتا ہے۔ تو کیا اگلے کسی مرحلے پر مبین مرزا بے رنگ رہ جائیں گے؟ ہمارے مرزا جی کے پاس لے دے کر یہ چند رنگ ہی تو ہیں۔ اگر خدا نہ کرے یہ بھی نہ رہے تو۔۔۔ لیکن نہیں، ایسا ممکن نہیں ہے، یہ محض ایک خیالِ مذموم ہے۔ ورنہ مبین مرزا صاحب تو گویا رنگوں سے چھلکے پڑتے ہیں، بسا اوقات تو ان کی وہ کثرت ہوتی ہے کہ ان میں وحدت گم ہو جاتی ہے۔ ابھی حال ہی میں اُن کے چند "شخصی مضامین" سن کے ہم اس درجہ متأثّر ہوئے کہ اُنھیں "رستمِ قلم" کا خطاب دینے کا جی چاہا لیکن ہم اس خیال سے دل مسوس کے رہ گئے کہ اُن کے جثے کے اس سدا بہار اختصار پر، رستم ایسا بھاری بھر کم لقب کیا خاک بھلا لگے گا۔

آیئے اپنے ممدوح سے ملتے ہیں جو بیچ بازار اپنا کتب خانہ سجائے بیٹھے ہیں۔ جب ہم ریڈیو پاکستان پر اتر کے، ٹائر گلی سے ہوتے ہوئے دائیں ہاتھ کے پہلے موڑ پر مڑتے ہیں، تو سامنے ہی فضلی بک سپر اسٹور کا بورڈ چمکتا دکھائی دیتا ہے۔ سڑک کے دونوں جانب

خوانچوں، ٹھیلوں، رکشا، ٹیکسیوں اور بھانت بھانت کے لوگوں کا اژدہام ہے۔ طرح طرح کی آوازیں، گاہکوں اور دکان داروں کا مول تول اور جب، ہم فضلی سنز سے کنّی کترا کے آگے بڑھتے ہوئے بائیں ہاتھ کے پہلے موڑ پر پہنچتے ہیں تو ایک پکوڑے والا دھول اڑاتی پُر شور سڑک پر بیسن میں گھلے جراثیم تلتا نظر آتا ہے۔ اُس کے پڑوس میں گنا پیلنے والی مشین پر، انسان اور مکھیاں بھن بھنا رہی ہیں۔ اس تنگ گلی میں موٹروں، موٹر سائیکلوں، رکشوں اور انسانوں کا ہجوم ہے، دھوئیں اور پسینے کی بساند، آکسفورڈ بک ڈپو اور اُس کے بغل میں ایک تنگ سا بازار، جہاں چوکس اور چالاک دکان دار کاپیوں، رجسٹروں اور درسی کتب کے دام کھرے کرنے میں مشغول ہیں۔ دائیں ہاتھ کی چند دکانوں کے بعد اچانک چند سیڑھیاں، جن پر احتیاط سے چڑھتے ہوئے آپ تاریکی اور غلاظت سے گزر کے ہمارے صاف ستھرے مبین مرزا تک پہنچ سکتے ہیں۔ پہلی منزل پر بائیں جانب نظر دوڑائیے۔ سب سے زیادہ روشن کھڑکی سے تقریباً جڑا ہوا دروازہ، آپ کے لیے مرزا صاحب تک پہنچنے میں پہلی روک کا فرض ادا کرتا ہے، کمرے کی واحد میز کے عقب میں کرسی پر سمٹے سمٹائے مبین مرزا کاغذوں سے الجھے یا آلہ صوت پر مصروفِ کلام نظر آتے ہیں۔ یہاں ہمارے ممدوح کے لیے ہزار کام ہیں۔ صاحبِ تخلیق سے کتاب کی اشاعت کے لیے معاملہ بندی اور اگر سودا پٹ جائے تو کتاب کی اشاعت کے سو بکھیڑے، نفع نقصان کی ناپ تول، کمپوزنگ اور پروف ریڈنگ کے مرحلے، اس سے سوا کاپی پیسٹنگ کے لیے دی جانے والی ٹریسنگ کاپی کے لیے یہ دھڑکا کے کہیں غلطیاں نہ رہ گئی ہوں۔ اسی کے ساتھ بجلی کی آنکھ مچولی، کمپیوٹر اور کمپیوٹر کاروں کی نازبرداریاں اور یہ تردّد کے چھپائی میں روشنائی کیسی استعمال کی جائے، جلد بندی کے بکھیڑے اس سے الگ، غرض ایک کتاب اور سیکڑوں جھمیلے، ادھر بے چارے ہمارے بے جان مرزا جنہیں اس کتاب

کاروبار نے کہیں کا نہیں رکھا۔ ان ہی مصروفیات کے دوران وہ ادیب و شاعر دوست جو گپ بازی کے چسکے میں انھیں دائرہ کیے رہتے ہیں اور اگر بروقت یاد آ جائے تو طعام کا تکلف اپنی جگہ، جس میں کڑک روٹی اور بونگ کی بوٹی پر تو گویا ہمارے مبین مرزا کی جان جاتی ہے۔

یہ دیکھیے مبین مرزا موجود ہیں۔

سلیقے سے کاڑھے ہوئے بال جن میں آڑی مانگ اور یہاں تہاں بکھری چاندی خوب بہار دکھاتی ہے، روشن اور کشادہ ماتھا جو اُن کی ظفر مندی پر دلیل ہے اُس پر سجدوں کا مبہم تاثّر اور گہری سیاہ بھنویں، جن سے دورانِ کلام چنگیزیت سی چھلکتی ہے، بھنوؤں کے بیچ دو آدھی ادھوری لکیریں اور ان کے ذرا اوپر ایک اوندھی محراب کے کبھی کبھار جلوہ دکھاتی ہے، اس کے ٹھیک نیچے درمیانے درجے کی دو نرم و مہربان آنکھیں، جن میں ہر آن ایک تجسس سا جاگا رہتا ہے اور اُن پر گول شیشوں کا نازک سا چشمہ جو ایک نسبتاً متوازن ناک پہ ٹکا رہتا ہے، ناک کے بائیں نتھنے سے ذرا ہٹ کر ایک تل جو بیوٹی اسپاٹ کہلانے کی حسرت میں سکڑا سمٹا جاتا ہے، ناک سے جڑے دودھیائی رنگ کے گال جن پر بالوں کو سر اٹھانے کی جرأت کرتے کبھی نہیں دیکھا گیا، اُن سے لگے چھوٹے چھوٹے دیدہ زیب کان اور گالوں کے بیچوں بیچ، پتلے پتلے گلابی ہونٹ، جن پر محنت سے تراشی گئی مونچھ جو اُس لمحے مسلسل مرزا کے داہنے ہاتھ کی انگشتِ اوّل کی زد میں رہتی ہے، جب وہ واقعی کسی کام میں مصروف ہوں، تنگ سا خوبصورت دہانہ اور پسِ لب، قدرے کم چمک دار دانت اور اُن کے عقب میں ایک بے ضرر زبان جو اپنی آئی پر آ جائے تو لہولہان بھی کر سکتی ہے، نہایت دلجمعی سے بنایا گیا شیو اور کم زور سی نوکیلی ٹھوڑی جو مرزا کی محتاط طبیعت کی غمّاز ہے، پتلی سی گردن جس پر کوئی پھندا فٹ نہیں بیٹھتا، گرے ہوئے شانے

جسے مرزا صاحب عجز و انکسار بتاتے ہیں، کاندھوں سے لگے دو نحیف نازک ہاتھ، جن کی دس انگلیوں میں بڑی جان ہے، جب قلم گرفت میں ہو تو مرزا سفید کاغذ پر سیاہ موتی رولتے چلے جاتے ہیں، گردن سے کوتاہ دھنسا ہوا سینہ، برائے نام کمر اور ان سے گویا چمٹی ہوئی دو سوکھی ہوئی ٹانگیں جن میں بلا کی چستی ہے۔ میں مبین مرزا کو برسوں سے اسی کھانچے میں اترا ہوا دیکھ رہا ہوں، کبھی کبھی حیرت ہوتی ہے کہ میرے یار نے کس ثابت قدمی سے اس کم زور جسامت کو اپنی قوت بنا رکھا ہے۔ مرزا کی اس ساختی یک رنگی کا راز اس جلنے جھلسنے میں پایا جاتا ہے جسے چیزوں کی بگڑی ہوئی ترتیب، لوگوں کا اکھڑا ہوا رویہ اور یہاں تک کہ روز مرہ کی دفتری کوتاہیاں بھی مرزا کے اندر زندہ رکھتی ہیں۔

مبین مرزا اپنے اندر ایک عجیب قسم کی ہم آہنگی، شائستگی اور توازن رکھتے ہیں۔ مجھے گمان گزرتا ہے کہ جیسے ہمارے دوست کسی پرانے قصّے کہانی کا کوئی کردار ہوں، جنھیں اُن کی کسی لغزش پر مملکتِ ورق سے بے دخل کر کے ہماری ناآسودہ دنیا میں دھکیل دیا گیا ہے۔ اُن سے ہونے والی ابتدائی چند ملاقاتوں میں یہ احساس غالب رہتا ہے کہ جیسے ہم کسی ایسی دیدہ زیب کتاب کے مطالعے و ملاحظے میں مصروف ہوں جسے نہایت توجہ، محنت اور سلیقے سے مرتب کیا گیا ہو۔ ہر سطر اپنی جگہ پر اور ہر نقطہ اپنے مقام پر سجا ہوا، لیکن جیسے کہ ہر کتاب اپنا آپ دھیرے دھیرے ظاہر کرتی ہے۔ ہمارے مبین مرزا کے اصل رنگ بھی ذرا آگے چل کر چوکھے ہوتے ہیں اور کبھی کبھار تو ان رنگوں کا تیکھا پن آپ کو حیران کر دیتا ہے۔ مدیر مرزا ڈاکٹر اور انجینئر بننے کی ناکامی کا صدمہ جھیلتے ہوئے مملکتِ لفظ میں وارد ہوئے اور اسیر حرف ٹھہرے، اب ایک زمانے سے اسی قلم کاغذ کی مشقت جھیل رہے ہیں۔ اس دوران ہمارے یار نے کہانیاں لکھیں، ترجمے کیے، شعر کہے، بحثیں نمٹائیں ،کالم لکھے اور جب تنقید کے صیغے میں قدم رکھا تو اس مغل بچّے نے اپنا قلم گویا تلوار بنا لیا،

جس سے اُن کے لہو میں رچی اُس جنگجویانہ سرشت کا سراغ ملتا ہے جس نے مغلوں کو ایک عالم میں باعزت و بے توقیر کیا۔ مرزا نے بڑے لکھاریوں کی صحبتوں میں گفتگو اور نشست وبرخاست کا قرینہ سیکھا اور یوں ایک خاص ترتیب میں ڈھلتے چلے گئے۔ یہ بات اور ہے کہ یار لوگوں نے اس سلیقے میں بھی کیڑے ڈھونڈ نکالے اور یہ کہنے سے باز نہ آئے کہ مرزا صاحب میں ایک عجیب تکلف اور مصنوعی پن وجود رکھتا ہے، حالاں کہ ہمارے نزدیک یہ محض ایک بہتان ہے، ورنہ مبین مرزا جس تہذیب گذشتہ کے نمائندے ہیں، اس میں یہ ہی رویہ شائستگی کا معیار قرار پاتا تھا۔ خیر جانے دیجیے، کون ہے جس کے بارے میں کچھ نہ کچھ کہا نا گیا ہو، مرزا باخبری کے یقین میں گویا اینٹھے پھرتے ہیں، یوں بھی آگہی کا عرفان آدمی میں بگاڑ کے سو راستے ڈھونڈ نکالتا ہے۔ ہمارے لیے مرزا ہرگز ایک آسان ہدف ثابت نہیں ہوئے، دراصل ہم ایسے اجاڑ لوگوں کے لیے منضبط اور منظم آدمیوں سے معاملہ ہمیشہ ایک امر دشوار ثابت ہوتا ہے۔ اُن کا چیختا چنگھاڑتا تکلف خطِ مستقیم پر سفر کے دوران ہر بار راہ کی دیوار بنتا ہے اور مشکل یہ کہ آپ آوازِ احتجاج بھی بلند نہیں کر سکتے کہ ناگاہ نیک نامی پہ حرف آ جائے۔ اس کے باوجود حیران کن امر یہ کہ مبین مرزا سے ملاقات ہمارے لیے ہمیشہ ایک خوش گوار تجربہ ثابت ہوئی۔

محبت کے ارمان سے اٹا ہوا یہ نوجوان نقاد، کہانی کار، کالم نگار، شاعر اور مدیر مسلسل جس کے بات کرنے کا ڈھنگ جدا اور سگریٹ نوشی کا انداز نرالا ہے، جو اپنی قلم کاری اور مباحثے میں یکساں شدّت سے دل چسپی رکھتا ہے، اس جوان کا سب سے مضبوط حوالہ اُس کے مدیرانہ وصف ہیں، جن کا اولین اظہار "دائرہ" میں اور اب "مکالمہ" میں نظر آتا ہے، بس یہی نہیں اُس کی مدیرانہ روح اور بہت سے پرچوں میں سانس لیتی دکھائی دیتی ہے۔ اس کچی پکی عمر میں اپنے ممدوح کی یہ ہمہ جہت کامیابیاں دیکھتے ہوئے اکثر ہمارا دل

چاہتا ہے کہ انھیں نظر کا ٹیکا لگانے کا مشورہ دیں، لیکن یہ سوچ کر رہ جاتے ہیں کہ کہیں کوئی نظر کو ناکام دیکھ کر اُن کا ماتھا ہی نہ نوچ پھینکے۔ ہمارے ممدوح اپنے برتاؤ، گفتگو اور رویے میں جس وضع داری، انکسار اور خوش خلقی کو روا رکھتے ہیں وہ ہماری معاشرتی اقدار کا حصہ ہوتے ہوئے بھی جانے کیوں ایک اجنبی اور دل آویز واردات معلوم ہوتی ہے۔ مبین مرزا سے اس وقت بے تکلفی مہنگی پڑ سکتی ہے جب اگر اتفاق سے آپ کا اُن کا دوستانہ بھی ہو اور آپ قلم کار ہونے کا الزام بھی رکھتے ہوں، اگر ایسا ہو اور اتفاق سے اُن کی شانِ مدیرانہ جوش میں آجائے تو مشکل ہے کے آپ اپنی جان بچا سکیں۔ (ہم خود بارہا اُن کے نشانے پر رہ چکے ہیں۔) ورنہ عام طور پر ہمارے دوست کے لہجے کا ریشم اور برتاؤ کا دھیما پن ہمہ وقت ہر ایک کے لیے دستیاب رہتا ہے۔

ہمارے یار کی ملازمتوں کا تجربہ ایسا طرب انگیز نہیں کہ اُس کا بیان ضرور ہو، یوں بھی کون ہے جو ملازمت سے مطمئن اور شاد کام گزرا۔ ہمارے مرزا صاحب کے لیے حرفِ شکایت زبان پر لانا ایک عملِ ناپسندیدہ ہے سُو موصوف اپنے ایسے ہر تجربے کو خوشگوار بتاتے ہیں حالاں کہ واقف حال خوب جانتے ہیں کی شوکت عابد اور قیصر عالم کے ساتھ کام کرنا کس قدر دلچسپ کام ہو سکتا ہے۔ اب مرزا ایک تنگ کمرے میں بیٹھے اپنے ان سابقہ تجربوں کو ہی کیش کر رہے ہیں۔ یہاں کا تمام نفع نقصان اب ان کا اپنا ہے، سُو ان کا کاروباری استغراق سمجھ میں آنے والی بات ہے ورنہ جب موصوف قیصر عالم کے تحت چاکری کی مشقت جھیل رہے تھے تو ان کے افسر کو ہمیشہ ان سے یہی شکایت رہی کے مرزا تو ہر چیز کو پروجیکٹ بنا لیتے ہیں۔ مرزا کی احتیاط پسندی میں شدّت آچکی ہے اور ان کا تکمیل پسند ہونا بار بار اپنے اظہار کی راہ ڈھونڈ نکالتا ہے۔ ہمارے ممدوح لفظوں سے تو خیر ہمیشہ ہی نبرد آزما رہے ہیں، مگر اب کاروباری کی شناخت قائم کرنے کے بعد مرزا نے

ہونٹوں کو مسکان سے آراستہ رکھنا بھی سیکھ لیا ہے اور اس میں چنداں کوئی مضائقہ بھی نہیں آخر یہ اِن کی دال روٹی کا معاملہ ہے۔ خوشی کی بات ہے کہ مبین مرزا کالگایا ہوا یہ پودا اب پھلتا پھولتا محسوس ہوتا ہے لیکن کشادگی کے اپنے مطالبات ہوتے ہیں اور ہم جانتے ہیں کہ ترقی کے اس ہڑکے نے مرزا کو بے حال کر رکھا ہے۔

اس سارے بکھیڑے میں قارئین کا نقصان یہ ہوا ہے کہ وہ اُن کہانیوں، نظموں، غزلوں، کالموں اور بھاری بھر کم مضامین سے محروم رہ گئے جو موصوف کے ہاتھوں سرزد ہونے تھے اور مرزا کے ہاتھ عدم فرصتی کا بہانہ آگیا۔ اب لکھنا تو دور رہا، انھیں دوستوں کے ٹھکانے اور تقریبات کی تاریخیں تک یاد نہیں رہتیں اب ہمارے ممدوح ایک تقریب دشمن دانشور کی شہرت پا چکے ہیں۔ مبین مرزا کا یہ چلن کوئی انوکھی بات نہیں کہ اس سے قبل مرزا کے پیش رو جناب مشفق خواجہ نے بھی ایک زمانہ گزرا خود کو اپنی چوکھٹ کے اندر قید کر رکھا ہے لیکن ہمارے ممدوح ابھی تک خود کو پوری طرح اس ترتیب میں نہیں لا سکے ہیں، یعنی ہم انھیں گاہے بگاہے اُن کتابوں کی تقاریب پذیرائی میں بولتے دیکھتے ہیں جو اُن کے اپنے ادارہ نے شائع کی ہوں، اس کے علاوہ مرزا میں ٹیلی وژن کے ادبی پروگراموں کے لیے بھی خصوصی لپک پائی جاتی ہے اکثر ان پروگرامز کی ریکارڈنگ کے لیے موصوف دوڑتے بھاگتے نظر آتے ہیں۔ اگر بعض تقاریب میں شرکت سے ہمارے ممدوح صاف انکاری ہوتے ہیں تو اس کا بھی کچھ کارن ہے۔ داد و بے داد کی ہاؤ ہو میں مشاعرے میں بیٹھے رہنا، لوگوں کو لفظوں کی جگالی کرتے دیکھنا، غیر متعلقہ اشخاص سے مسکرا مسکرا کے مصافحہ کرنا اور آخر اسٹیج پر چڑھ کر اشعار پڑھنا، مرزا ایسے کونا پکڑ انسان کے لیے ہرگز ایک کارِ آسان نہیں۔ یوں بھی جس سرگرمی کے پس منظر میں سکوں کی جھنکار نہ سنائی دے اس میں جا کے آدمی اپنا قیمتی وقت کیوں کالا کرے، اصل میں ہمارے

ممدوح میر اوّل کے آس پاس کے آدمی ہیں جن کے لیے سرِ راہ کلام کرنا بھی شائستگی سے بعید تھا۔ مگر اب ہمارے مرزا جیسے بھی ہیں ہمیں میر اوّل کی طرح ہی عزیز ہیں۔ مرزا ایک نستعلیق، نفیس اور نفاست پسند آدمی ہیں لیکن اب اُن کے ذوقِ پوشاک میں وہ پہلے جیسی تازگی نہیں رہی۔ لباس کا وہ خصوصی اہتمام، وہ نک سک سے درستگی جانے کہاں جاتی رہی۔ اب تو مرزا ہم ایسوں میں بیٹھ کر گویا کھپ سے جاتے ہیں۔ مگر اب ایسا بھی نہیں ہے کہ مرزا اپنی خو بالکل ہی بھلا بیٹھے ہوں۔ آج بھی جب کسی تقریبِ "خاص" میں شرکت کا فریضۂ ناگوار درپیش ہو تو مرزا کی ملبوساتی سج دھج دیکھنے دکھانے سے تعلق رکھتی ہے۔ اُن کے ایک دوست کا یہ دعویٰ تو اب بھی اپنے اندر بڑی جان رکھتا ہے کہ مبین مرزا، شام کو سنگھار کرتے دیکھ کر خود بھی ایک بار پھر مشقتِ شیو اٹھاتے ہیں۔ ہم سمجھتے ہیں کہ یہ ایک گمانِ محض ہے، حقیقت بس اتنی سی ہے کہ ہمارے ممدوح صبح دَم اپنے چہرے پر اتنی محنت کر لیتے ہیں کہ اُن کا چہرہ اگلی صبح تک چمک دار، بے بال اور چکنا رہتا ہے۔ اس مغل بچّے کی ذات میں ایک بڑا بکھرا وجود رکھتا ہے جسے پوشیدہ رکھنے کے لیے مرزا خود کو ایک خاص ترتیب میں رکھنے پر مجبور رہے۔ اگر ہمارے دوست نے یہ سوانگ خود کو باندھے رکھنے کے لیے رچا رکھا ہے تو ہمارا بھی فرض ہے کہ اُسے جوں کا توں قبول کر لیں کہ آدمی بہر حال مجبورِ محض ہے۔

مبین مرزا سکونت تو اسی شہر سنگ دلاں میں رکھتے ہیں، لیکن اُن کا دل بزرگوں کی بستی ملتان میں پڑا رہتا ہے، جس کے ذرے ذرے میں اُن کی یادیں دمکتی ہیں اور جہاں کے گلی کوچوں میں کھیلتے دوڑتے اُنھوں نے حرف سے شناسائی حاصل کی۔ یہیں مرزا نے محترم عرش صدیقی سے جینے کا چلن اور خود کو مرتب رکھنے کا ہنر سیکھا۔ پروفیسر صاحب کی محبت سے مرزا کے بدن میں دوڑتے لہو کی بوند بوند مہکتی ہے اور آج بھی کے جب عرش

صاحب کو آسودۂ خاک ہوئے کئی برس بیت چکے ہیں، اُن کے تذکرے پر ہمارے ممدوح کی آنکھیں نمناک ہو جاتی ہیں اور ہونٹ کپکپانے لگتے ہیں۔ ملتان ہی میں مرزا کو جناب اسلم انصاری کی توجہ اور محبت حاصل ہوئی، مرزا نے اس عالمِ بے بدل سے کسبِ علم کا کوئی موقع ہاتھ سے نہیں جانے دیا۔ ہمارے دوست اسلم انصاری کو اپنے لیے ایک متاعِ بے مثل جانتے اور مانتے ہیں۔ لاہور میں مرزا صاحب کو احمد ندیم قاسمی کا ربطِ خاص اور شفقت حاصل رہی جبکہ شہزاد احمد کی پُر لطف صحبتوں کی یاد انھیں اب تک گدگداتی رہتی ہے۔ داتا کی نگری میں بقول مرزا کے اُن کا یارِ خاص سراج منیر تھا جس سے وہ گہرا قلبی تعلق رکھنے کے علاوہ ایک قسم کی شاگردی کا شرف رکھتے ہیں۔ اس درویش صفت جواں مرگ دانشور کے ساتھ بتائے اپنے شب و روز کا تذکرہ ہمارے ممدوح کچھ اس انداز میں کرتے ہیں جیسے اپنا کوئی طویل خواب بیان کر رہے ہوں۔ سراج منیر کے ادبی مچیٹوں کی چٹخارے دار کہانیاں، اُن کا تنقیدی شعور، تحریر پر اُن کی قدرت، مطالعے کی کثرت اور سراج کا تہذیب یافتہ ذوقِ لطیف، پنجاب کے ادبی منظر نامے میں اُن کا قد و قامت بیان کرتے ہوئے مرزا کی آنکھیں یوں جگمگ کرنے لگتی ہیں جیسے یہ اُن کی اپنی فتوحات کی کہانیاں ہوں، اس گھڑی مرزا کی آنکھوں میں سچ کی زندہ رمق لشکارے مارتی دکھائی پڑتی ہے اور چہرہ حبِ دوست سے دمکتا نظر آتا ہے۔ ہمارے ممدوح کی یادوں کے خزینہ میں سلیم احمد مرحوم کی یادوں کا مٹا مٹا ذخیرہ بھی موجود ہے جسے برقرار اور پرمایہ رکھنے کے لیے اُنھوں نے خود کو ایسے بہت سے بزرگوں سے جوڑ رکھا ہے جنھوں نے سلیم بھائی کی صحبتوں میں اپنی زندگی کو گل و گلزار کیا۔ جمیل الدین عالی، جمال پانی پتی، قمر جمیل، ضمیر علی بدایونی، ڈاکٹر جمیل جالبی اور مشفق خواجہ کے لیے اُن کا دل احترام سے لبریز رہتا ہے۔

اپنی روزمرہ زندگی میں مرزا جس تواتر اور کثرت سے بھاری بھر کم الفاظ استعمال کرتے ہیں اور جس شدّت سے انھیں الفاظ کی صوت کا خیال رہتا ہے وہ اصل میں اُن کے کھانچے کی مجبوری ہے۔ ہمارے ممدوح حلقہ اربابِ ذوق کے پُر شور مباحثوں کے بھی شریک رہ چکے ہیں اور ان ہی مصروفیات کے باعث مرزا بات کرنے کا وہ ہلکا پھلکا ڈھنگ بھلا بیٹھے ہیں جو آدمی اپنی دوستانہ محفلوں میں بے تکلفانہ روا رکھتا ہے۔ حالاں کہ اب اُن کی زبان کو دیا ہوا وہ کلف خاصا ٹوٹ چکا ہے جو اِن کے الفاظ کو دھار دار اور اکڑا ہوا رکھا کرتا تھا۔ اب ہمارے ممدوح اچھا خاصا مسکرانا سیکھ چکے ہیں اور انہیں فقرے چپکانا اور کبھی کبھی ہلکی پھلکی چہل کرنا بھی خوب آگیا ہے، بلکہ اب تو ہمارے ممدوح مہینے دو مہینے میں بے ارادہ مذاق بھی کر بیٹھتے ہیں۔ جانے کیوں مجھے اشتباہ سا ہے کہ تکلف کے تنبو میں قید مرزا صاحب کے لیے وہ وقت یقیناً بہت کٹھن ہوتا ہوگا، جب وہ پوری دیانت داری اور ہمک سے کسی سے تنہائی اور بے تکلفی کی فضا میں چھیڑ کی خواہش کرتے ہوں گے۔ مرزا کے طریقِ زندگی کو دیکھتے ہوئے یہ امکان کم ہی ہے کہ اُن کی زندگی میں ایسے گدگداتے لمحات بھی آئے ہوں گے جو تمام زندگی آدمی کو خون رلاتے رہتے ہیں، مگر جب کبھی اُن پر ایسا کوئی لمحہ آیا ہوگا تو وہ جس ناکامی سے گزرے ہوں گے، اُس کی کسک اب بھی انھیں کبھی کبھار تڑپا کر رکھ دیتی ہوگی۔ ہمارے دوست کے اندر کہیں ایک بیوپاری چھپا بیٹھا ہے اور مرزا کی مجبوری یہ ہے کہ ان کی پرورش جن خطوط پر ہوئی ہے وہ اُنھیں سکے اور سکہ دار سے بے رغبتی پر اکساتی ہے، لیکن جب کبھی اُن پر بیوپاری غلبہ پا جائے تو اُن کی آنکھوں کا بدلتا رنگ ایک نئی کہانی سناتا ہے، لیکن یہ ایک لمحاتی کیفیت ہوتی ہے اور اس کے بعد مرزا پھر بلند آدرش رکھنے والے نوجوان نظر آنے لگتے ہیں۔

مرزا کے دوستوں میں اُن کی شخصیت خاصی پسندیدہ ہے، جس کی مختلف وجوہات

ہیں، مرزا بھی ان سب سے گہری محبت رکھتے ہیں اور کئی ایک سے تو انھیں استاد کی سی چاہت ہے۔ ہمارے ممدوح کو احباب کسی کمیاب و نازک بلور کے مجسمے کی طرح برتتے ہیں، جیسے انھیں احتمال سا رہتا ہے کہ مرزا کو ایک ہلکی سی چوٹ توڑ پھوڑ سکتی ہے۔ ہم اس خیال سے متفق نہیں ہیں بلکہ یہ سمجھتے ہیں کہ یہ نازکی بھی مرزا کی ایک ہنر مندی ہے۔ ہمارے ممدوح میں کئی رنگ زندہ وجود رکھتے ہیں، وہ چاہے انھیں کتنی ہی مہارت سے استعمال کیوں نہ کریں، رنگ اپنی کوئی نہ کوئی جھلک دکھلا ہی دیتے ہیں۔ اب مرزا جہاں بھی ہیں اور جیسے بھی ہیں، ہمیں منظور ہیں، کسی ایسے آدمی کو جو اپنا آپ ایک مخصوص سانچے میں ڈھال چکا ہو اُسے اِس پر مجبور کرنا کے وہ بے ترتیبی میں اظہار پاتی ترتیب اور اُس میں مخفی توازن پر نظر کرے، خاصی بد مذاقی کی بات ہے۔

ہمارے ممدوح جیسے لوگ شاذ و نادر ہی دستیاب ہوتے ہیں اور اگر مل جائیں تو دل بے محابا یہی چاہتا ہے کہ اُنھیں تصویر کر لیا جائے اور اگر ممکن ہو سکے تو ذرا سا توڑ پھوڑ ڈالا جائے، لیکن ایسے لوگوں سے معاملہ کرتے ہوئے نہایت احتیاط اور چوکسی سے کام لینا پڑتا ہے کہ ناگاہ شیشے میں کوئی بال آجائے اور آپ تا عمر تأسف کرتے رہ جائیں کہ ہائے کس کمال کے آدمی کی رفاقت سے جاتے رہے۔ کیا بظاہر آسان نظر آنے والے یہ لوگ اپنی اصل میں بے حد مشکل ثابت نہیں ہوتے؟ اور وہ۔۔۔جو اُنھیں اپنے لیے آسان کر لے؟

٭٭٭

شعلے پر صافہ ۔۔۔احمد جاوید

میں اِس تحریر کو کتنے ہی ڈھنگ سے لکھنے کی کوشش کر چکا ہوں لیکن ہر بار احساس ہوتا ہے کہ جیسے کچھ ہے جو گرفت میں آنے سے رہ گیا ہے۔ شاید یہ وہی قربت کے دیوار بن جانے کا معاملہ ہے یا پھر یہ کہ میں جس شخص کو سپُردِ قلم کرنا چاہتا ہوں وہ دراصل ایک خانہ بدوش ہے اور اگر کسی نے اپنی زندگی کا بڑا حصّہ خانہ بدوشی کے عالَم میں گزارا ہو تو یہ ممکن ہی نہیں ہے کہ آپ ایسے آدمی کی تصویر کسی خاص ضابطے میں رہ کر مکمّل کر سکیں۔ خانہ بدوشی، دراصل سلیقے اور ترتیب کے انکار ہی سے جنم لیتی ہے

احمد جاوید سے میری پہلی ملاقات کب اور کہاں ہوئی یہ بات اب میرے حافظے میں موجود نہیں ہے۔ سچ تو یہ ہے کہ مجھے ایسا کوئی زمانہ یاد ہی نہیں آتا جب ہم ایک دوسرے کو جانتے نہ تھے۔ جب کبھی میں ماضی کا پٹارا ٹٹولتا ہوں تو ایک چائے خانہ ذہن میں زندہ ہو جاتا ہے سلطانیہ ہوٹل جو کبھی ہماری زندگی کا مرکز و محور ہوا کرتا تھا۔ صاحب! یہ چائے خانے بھی خوب ہوتے ہیں۔ آدمی سے کچھ اِس طرح پیوست ہو جاتے ہیں کہ وہ چڑھتی جوانی سے ڈھلتی عمر تک انہیں سینے سے لگائے چمٹائے پھرتا ہے۔ وہ شاعر طرح دار، نصیر ترابی ہوں کہ تحقیق کے تیر اک خواجہ رضی حیدر اب دونوں ہی اپنے سروں کی سفید کھیتیوں کو خضاب کی اُوٹ میں لیے بیٹھے ہیں۔ کیا کچھ باتیں ہوں گی جو، اب انہیں یاد بھی نہیں آتی ہوں گی۔ لیکن ہاں ، ایک جگہ ایسی ضرور ہے جو اُن سے بھلائے نہیں بھولتی۔ بلکہ سچ پوچھیے تو اُن کے دلوں کے ساتھ دھڑکتی ہے۔۔۔ الحسن کافی ہاوس جو جب

تذکرے میں آتا ہے، تو کتنے ہی چہرے اور صحبتیں ساتھ کھینچ لاتا ہے۔ ایک پورا زمانہ جو کب کا ماضی کی گرد میں لپٹا عالمِ فراموشی میں کہیں گم تھا۔ اِس کافی ہاوس کا تذکرہ آتے ہی کتنے ہی بچھڑے ہوئے لوگ اُن کی میز پر آ بیٹھتے ہیں اور ساتھ ہی وہ عہد بھی زندہ ہو جاتا ہے جسے خاک ہوئے قرن بیت چکے۔ ہمارے مجذوبِ باہوش (احسن سلیم) ہیں کہ حیدرآباد کے کیفے فردوس کا تمغا سینے پر سجائے گئی رُتوں کے خواب دیکھتے نہیں تھکتے۔ قطبِ شمالی (سلیم احمد) تھے تو انہیں تین ہٹی کے ایرانی ہوٹل میں گزاری راتیں جگائے رکھتی تھیں اور ہمارے مردِ کم یاب احمد جاوید ہیں تو وہ سلطانیہ ہوٹل پر ایسے فریفتہ کہ جب کراچی میں ہوں تو بس نہیں چلتا کہ وہیں جا بیٹھیں۔۔۔ لیکن اب سلطانیہ ہوٹل کہاں ؟بس اس کنجِ عافیت کی چند مٹی مٹی یادیں رہ گئی ہیں۔ احمد جاوید جب پچھلی بار کراچی آئے تو ایک دن ایسی ہوک اٹھی کہ اُٹھ کر شاہ فیصل کالونی چل دیے اور ڈھونڈتے ڈھانڈتے پیارے میاں کے گھر جا پہنچے۔ یہ پیارے میاں وہی ہیں، جو اس ہوٹل کے کرتا دھرتا تھے اور کہ جن کے کارن احمد جاوید اور ہم سب، وہاں ڈیرہ جمائے بیٹھے رہا کرتے تھے۔ اِن صاحب کی شخصیت میں ایک عجیب پُراسرار دل کشی تھی جس کا تذکرہ آگے چل کر آئے گا۔ سلطانیہ ہوٹل کی یہ محفلیں احمد جاوید ہی کے دَم سے بارونق اور بامعنی رہا کرتی تھیں۔ اُن صحبتوں میں ستارہ ساز (ثروت حسین)، صاحبِ اسم (سراج منیر)، مردِ معدوم (منظر امام)، اسیر اوقات (شکت عابد)، بانکے بابو (مختار حیات) اور ہماری ذاتِ موہوم شریک رہا کرتی۔ ثروت حسین کے گالوں پر گلاب دہکتے رہتے اُن کی معروف مسکراہٹ اِن محفلوں میں اور بھی نمایاں ہو جاتی۔ منظر امام اپنے سنائے ہوئے چٹکلوں سے سرشار نظر آتے یوں جیسے اُن کی آنکھوں کی چمک گری پڑ رہی ہو۔ ہونٹوں پر دبی سگریٹ گویا اُن کی کشادہ مسکراہٹ کو ہونٹوں میں دابے رکھتی اور سراج منیر، اپنی سیٹی جیسی تیز آواز میں اپنے

دانشورانہ کلام کی جوت جگائے رکھتے۔ شوکت عابد کو اپنی ڈیونڈی کی عدم پذیرائی کا غم کھائے رہتا۔ اِس سے سنبھلتے تو بھائی (ثروت حسین) کی کسی تازہ غزل کا تذکرہ لے بیٹھتے، اور رہے مختار حیات، تو وہ دَم سادھے چپکے بیٹھے رہتے کہ ناگاہ، مسکرادینے سے کہیں اُن کی سنجیدگی پر حرف نہ آجائے۔ اور مَیں، سُو ایک کونے میں بیٹھا پان چباتا رہتا۔ صبح شام کے اس تماشے کی نظارگی میں عجب لطف تھا۔ اِس چنڈال چوکڑی میں سنجیدگی اور علم کبھی کبھار ہی باریاب ہوتے کہ حالات کے روندے ہوئے یہ نوجوان اس گوشۂ عافیت میں اپنا آپ بھلانے کے لیے اکٹھے ہوا کرتے تھے۔ سُو ہر آن ایک تماشا ہر لمحے ایک ٹھٹول۔۔۔ اور ہمارے احمد جاوید، سُو وہ ٹھہرے ایک بے نیاز۔ یوں بھی وہ کبھی کبھار کے اِن تماشوں سے کیا بہلے جو خود ایک مستقل طربیہ کا کردار بنا ہوا تھا۔ جس کے سر پر چھت نہ ہو اور جسے ڈھنگ سے بیٹھنے کو دو بالشت زمین تک میسر نہ ہو، اور جسے غسل کرنے کے لیے گندے حماموں پر انحصار کرنا پڑتا ہو۔ جس نے بال اس لیے چھوڑ رکھے ہوں کہ اگر انہیں ترشوانے سے زیادہ اہم کام دو وقت کے کھانے کی ادائی ٹھہرے اور جس کا لباس اِس لیے ملگجا اور شکن آلود رہتا ہو کہ اُسے کوئی ایسا صحن دستیاب نہیں جہاں نل کے نیچے بیٹھ کر وہ اپنے کپڑے دھو سکے اور اگر کوئی ایسی جگہ مل بھی جائے تو دوسرا جوڑا کہاں کہ وہ اپنا تن ڈھانپ سکے۔ یہاں تو وہی معاملہ تھا کہ ننگی کیا نہائے کیا نچوڑے۔۔۔ اب جس آدمی کے قدموں سے زمین کھنچی جاتی ہو۔ اُس سے یہ مطالبہ کیسے کیا جائے کہ صاحب مسکرایئے۔۔۔ لیکن جب درد حد سے گذر جائے تو دوا بن جاتا ہے اور یہی کچھ احمد جاوید کے ساتھ ہوا تھا۔ اُن کے چہرے پر بلا کی آسودگی اور بے فکراپن نظر آتا۔ اُن کے اطمینان سے گمان ہوتا تھا کہ جیسے وہ سو سال کا سامان کیے بیٹھے ہوں۔ جب کہ حقیقت یہ تھی۔

اچھی گزر رہی ہے دلِ خود کفیل سے لنگر سے روٹی لیتا ہوں پانی سبیل سے

اب جو آدمی بے نیازی کی اِس سطح پر ہو اُسے حوادثِ زمانہ سے کیا کھٹکا؟ مجال ہے جو ماتھے پر ایک شکن آئے۔ یوں بھی دنیا کے بھید بھاؤ کی فکر تو وہ کرے، جسے اِس نوٹنکی سے کچھ لینا دینا ہو۔ احمد جاوید نے تو اِس مورکھ سے عجب لاتعلقی کا تعلق رکھا ہوا تھا۔ دنیا اکثر اُن کے لہجے کی کاٹ اور لفظوں کی مار کا نشانہ رہتی تھی۔ یہ اِس نگار خانے کو ایسا بے حقیقت جانتے تھے جیسے یہ اُن کے لیے وجود ہی نہ رکھتا ہو۔ میں نے اُنھیں کم ہی کسی ایسی سرگرمی میں ملوث دیکھا جس سے بناؤ کی کوئی صورت بنتی ہو۔ جب بگاڑ ہی فیصلہ ٹھہرا تو یہ خاک دنیا کو خاطر میں لائیں۔ اِس خانۂ بے ثبات کے تذکرے پر اُن کے ہونٹ تنفّر سے کھنچ جاتے تھے اور آنکھوں میں ایک استہزا۔۔۔ وہ ایک خاص ڈھنگ سے مسکرا کر کہتے:

دنیا میرے پڑوس میں آباد ہے مگر
میری دعا سلام نہیں اس ذلیل سے!

احمد جاوید کو اُن کے دوست دائرہ کیے رکھتے، لیکن وہ ایک تنہا آدمی تھے۔ یہ ایسی تنہائی تھی جس میں آدمی دہک اٹھتا ہے یا پتھر ہو جاتا ہے۔ سُو یہ شعلہ بنے بیٹھے رہتے لپٹیں ہوتیں کہ پھٹی پڑتی تھیں۔ آگ کو سمیٹے رکھنا آسان نہیں ہوتا لیکن اُنھوں نے اس کارِ محال کو جانے کس جتن سے خود پر سہل کر رکھا تھا۔ ہاں، کبھی کبھار ادب پر گفتگو کرتے ہوئے اُن کی آواز میں کوندا سا لپکنے لگتا تھا اور تپش، جو اُن کے مخاطب کو جھلسا کر رکھ دیتی تھی لیکن ایسا اکثر نہیں ہوا کرتا تھا کہ ابھی احمد جاوید اِس شعلے کو الاؤ بنانے کے لیے حوصلہ اکٹھا کر رہے تھے۔

علم آدمی کو قوی ہی نہیں کرتا پچھاڑ بھی دیتا ہے۔ پھر وہ چاہے پالا ہی کیوں نہ مار لے۔ اُسے اکھاڑے کی مٹّی تنہا چاٹنی پڑتی ہے۔ احمد جاوید کا مسئلہ یہ تھا کہ اُنہیں سنجیدہ

مکالمے کے لیے کوئی نوجوان دستیاب نہیں تھا۔ لے دے کر ایک سراج منیر تھے جن سے گفتگو ممکن تھی، لیکن وہ اپنے لیے اِس نئی زمین کو زرخیز بنانے میں اتنے مصروف تھے کہ کبھی کبھار ہی باہم ہوتے۔ ابھی تو مغربی پاکستان خود اُن کے لیے میدانِ کارزار بنا ہوا تھا۔ وہ ذرا سہولت سے اس زمین پہ ٹک کر کھڑے ہونے کی گنجائش نکال پاتے تو شاید احمد جاوید کا اکیلا پن دور کر سکتے۔ جو احمد جاوید کے ہر وقت کے سنگی تھے ان میں اگر کوئی ہوں ہاں کا اہل بھی ہوتا تو بات شاعری سے ایک انچ آگے نہیں بڑھتی تھی۔ ابھی اُن کے اکثر احباب کو اپنا مستقبل شاعری کے انبار میں دھنسا نظر آتا تھا تو اب ہمارے احمد جاوید کی تنہائی کون بانٹتا؟ بھلا کون تھا کہ جس نے کھانے کھیلنے کے دنوں میں نثر، شاعری، تنقید، فلسفے اور تصوف کی اعلیٰ کتب کی تلاش اور ان کے مطالعے میں خود کو کھپایا ہو۔ کوئی بھی تو ایسا نظر نہیں آتا جسے اس کے اندر کا دھڑ دھڑاتا ہوا الاؤ کوچۂ لفظ میں کھینچ لایا اور وہ اسیر اسم ہوا اور وقفِ کتاب ٹھہرا اور آگہی نصیب ہوا۔۔۔ نہیں، ایسا شاید کوئی اور نہیں تھا۔۔۔ تو پھر؟

ایسی تنہائی کا مداوا کیا
سات دریاؤں میں اکیلی ناؤ

اب اگر احمد جاوید کو اس دَم گھونٹتی تنہائی میں موت ہی نجات نظر آرہی تھی تو اس میں عجب کیا تھا؟ احباب کا یہ دائرہ جس میں احمد جاوید محصور بیٹھے تھے اور خود کلامی جن کا وظیفہ تھا اور وہ سامعین کہ جنھیں اثبات میں سر ہلاتے رہنے میں کمال حاصل تھا وہ انہیں کوئی سجھاؤ دے سکتے تھے اور کیا احمد جاوید ان کا کہا مان لیتے؟۔۔۔ یہاں تو سب ہی گردن ڈالے بیٹھے تھے اور جس کی گردن ہی گر جائے اُس کا لفظ کب معتبر ٹھہرا؟ تو یہ تو بس ہاؤ ہو کا ایک میلہ ہوا یا پھر دنیا جیتنے کی ایک حیلہ سازی۔۔۔ تو وہ ان دنیازادوں کی بات کاہے کو

سنیں؟ لیکن کوئی تو ہو جو اِنھیں رو کے!

نوجوانی میں موت کی خواہش

تم ہی سمجھا سکو تو سمجھاؤ!

لیکن یہ آدمی آخر ہے کون اور چار لفظ پڑھ کر اِس نے یہ کیا اودھم مچا رکھا ہے؟ لیجئے میں بھی باتوں میں کیسی اہم بات بھلا بیٹھا۔ واقعی، میں بھی تو دیکھوں دکھاؤں کہ احمد جاوید کیسے دکھائی دیتے تھے؟

کشادہ ماتھے پر بکھرے ہوئے سیاہ بال، بڑی بڑی چمک دار آنکھیں جن میں ایک مقناطیسی رو بہتی محسوس ہوتی تھی اور ستواں ناک اور متناسب دھانے پر ڈولتی ہوئی گلابی رنگت کے پتلے پتلے ہونٹ کہ احمد جاوید سگریٹ نوشی کے بڑے رسیا تھے اور ہونٹوں سے جھانکتے ہوئے ہموار چمک دار دانت جو اِن کے جھٹکے کھاتے ہوئے خاموش قہقہوں میں بڑے بھلے لگتے اور رنگ جیسے گیہوں کے کچے دانے کو ذرا زیادہ تاؤ دے دیا گیا ہو اور گال جن پر بس ابھی رُواں پھوٹا تھا اور مسیں تک بھیگی نہیں تھیں اور کم زور جبڑے اور نحیف ٹھوڑی اور قد کسی دنیادار کی دعا جیسا اور آواز میں خالی کنویں کی سی گونج اور گردن لمبی کہی جانے سے قدرے کم اور جسامت ایسی نہیں کہ ان پر فربہی کی تہمت آئے اور لباس سُو اس کا اندازہ آسانی سے ممکن ہے، لیکن ہاں انگلیاں رہی جاتی ہیں تو ایسی انگلیاں تو کسی فنکار ہی کو نصیب ہوتی ہیں اور پیر، کسی گنوار ایسے اور ہوائی چپلوں کے استعمال سے ایڑیاں پھٹی پھٹی اور بد نما اور چال میں ایک عجب قسم کا ٹیڑھا پن۔۔۔ لیکن اُن کی مجموعی شخصیت میں ایک عجب بکھرا بکھرا بانکپن تھا جو شاید ایسی بھری جوانی میں کسی اچنبھے کی بات نہیں ہے۔

ہاں آپ کا تاثّر ایسا غلط نہیں ہے۔ واقعی احمد جاوید میں سوائے ایک گھمبیر تا کے اور ایسا کیا دھرا تھا کہ آدمی ٹھٹھک کر انہیں دیکھتا کا دیکھتا رہ جائے۔ ایسے خوب رُو تو جانے

کتنے پڑے سڑتے ہیں اور انہیں تو ابھی خود کو مرتب رکھنے کا سلیقہ بھی نہیں آیا تھا۔ یہ الگ بات کہ بے ترتیبی میں اپنی ایک الگ ترتیب ہوا کرتی ہے اور کیوں کہ اُسے دیکھنے والی آنکھ عام نہیں اس لیے کہا جا سکتا ہے کہ آپ اپنے لحاظ سے ٹھیک ہی کہہ رہے ہیں۔ ظاہر ہے اس سنگھار خانے پر جیون وارنے والے کو کیا پڑی کہ وہ کسی بوریا نشین کے باطن میں جھانکتا پھرے اور اگر جھانک بھی لے تو کسے معلوم کہ وہ کچھ دیکھ بھی سکے یا بس دیکھتا ہی رہ جائے؟ لیکن ایک احتیاط ضروری ہے کہ کسی خاموش آدمی کے بارے میں فیصلہ سناتے ہوئے جلد بازی مناسب نہیں ہوتی۔ جانے اس کی زبان کے بھیتر کیسے کیسے گُن چھپے بیٹھے ہوں لیکن اگر یہ آمادۂ گفتار ہو جائیں تو پھر دیکھیے، جادو کیسے سر چڑھ کر بولتا ہے؟ ایک خاص ڈھب سے انگلیوں میں سگریٹ دابے جب موصوف اپنی کھرج دار دھیمی آواز میں لفظوں کو ان کے پورے رچاؤ اور معنویت کے ساتھ جما جما کر کسی سنجیدہ علمی ادبی موضوع پر لفظ کو موتی بناتے تھے تو اپنے سامعین کو گویا مسخر کر لیتے تھے لیکن اُس پر اِس کلامِ نازک کا کیا اثر جس کے کان ڈگڈگی کے عادی ہو چکے ہوں؟ یہ ایک نیند کی سی کیفیت ہوتی ہے، ایک ایسی بے خبری جس میں اُس وقت تک کان پر جُوں نہیں رینگتی جب تک سر پر ڈھول نہ پیٹا جائے۔۔۔ اور آپ نے یہ کیا کہا کہ چار لفظ پڑھ کر اُودھم مچا رکھا ہے، جناب! جسے آپ اُودھم فرما رہے ہیں یہ تو وہ آہنگ ہے جو روحوں تک کو سرشار کر دیتا ہے۔ جانے دیجئے، آپ کو کیا معلوم کہ کچھ کن سروں کی سماعت پر تو بانسری کی لے بھی گراں گزرتی ہے۔

احمد جاوید جیسے بے ضرر اور سیدھے سادے نظر آتے تھے۔ ایسے ہر گز تھے نہیں دراصل جیسی پیچیدہ زندگی سے وہ دوچار تھے اس میں سادہ مزاجی کی گنجائش بھی نہیں ہوتی۔ اگر وہ ایسے ہی سادہ ہوتے تو اب تک یہ دنیا کا اسپِ بے مہار انھیں کب کا اپنے

سُموں تلے روند چکا ہوتا۔ دنیا میں رہتے ہوئے اس سے لاتعلق رہنے کے لیے جتنی ہوش مندی ضروری تھی اس سے یہ مرد کم یاب خوب لیس تھے اور ایسا بھی نہیں کہ وہ ایک نرے کھرے آدمی ہوں۔ جب جوانی زور دکھاتی اور طبیعت بھی جولانی پر ہوتی تو یہ ماحول کو گلزار بھی کر دیتے تھے اور اگر کسی سے تماشا کرنا مقصود ہوتا تو جیسے اِن کا جغرافیہ ہی بدل کر رہ جاتا۔ آنکھوں میں شرارت کی چمک اور چہرے پر سنجیدگی اور ہونٹوں پر ایک پُر اسرار مسکراہٹ اور زبان پر جھوٹ کے فرّاٹے اور یہ کام ایسی مہارت سے سرانجام پاتا کہ سننے والا پتھر کو دھڑکتا ہوا دل مان لیتا تھا۔ محترم احمد جاوید یہ تماشا کبھی تفریحاً اور اکثر ضرورتاً برپا کرتے۔ کبھی کبھار جب ضرورت شدید ہوتی تو وہ کوئی کہانی بھی گھڑ لیا کرتے، جس میں کسی المیے کا بیان اور فوری مدد سے جاں کی خلاصی کا تذکرہ ہوتا۔ یہ کہانی ایسے پُر اثر انداز میں پیش کی جاتی کہ سننیوالا مارے دکھ کے رُونکھا ہو جاتا اور انجام تو ظاہر ہے بھلا کون کسی پیارے کو دکھی دیکھنا گوارا کرے گا۔ ایک عمر تک رلتے پھرنے نے احمد جاوید پر انسانی نفسیات کی کتنی ہی گرہیں کھول دی تھیں۔ ہم ایسی کتنی ہی وارداتوں کے شریک تماشائی رہ چکے تھے۔ رہا اس عمل پر کسی شرمندگی کا سوال تو "انجمنِ شرمندگاں" کے رُکنِ رکین کی حیثیت سے اُن کے لیے اس کی گنجائش ہی کہاں تھی۔ یہ انجمن منظر امام کے ذہنِ رسا کا کرشمہ تھی اور ہمارا مثلّث ہی اِس کا کرتا دھرتا تھا۔ آج اس انجمن کے تذکرے پر شاید کچھ احباب ناک بھوں چڑھائیں لیکن اُن دنوں جب ہماری یافت کا کوئی باقاعدہ ذریعہ نہیں تھا تو کیا یہ اچھی بات نہیں تھی کہ ہم دھوکا دھڑی کے بجائے دوستوں کو قرضِ حسنہ دینے پر آمادہ کر لیا کرتے تھے۔ بس اس کے علاوہ ہم نے احمد جاوید کو ہمیشہ سیدھی راہ چلتے دیکھا۔ نہ کسی رخِ زیبا کے لیے کوئی تڑپ نہ آنکھیں گلابی کرنے کی طلب، بہت ہوا تو کبھی دوستوں کے ساتھ فلم دیکھ آئے۔ دل زیادہ مچلا تو کسی تنِ نازک کا سراپا

گڑھ کر حسنِ نظر کی داد لے لی۔ الہ آبادی خون نے جوش مارا تو کسی گلی کے لونڈے کی دلیری کا قصہ لے بیٹھے اور اس کی سفّاکی اور جواں مردی کا وہ مرقع کھینچا کہ اُس کے خیال سے بدن میں جُھرجھری دوڑ جائے۔ طبیعت شوخی پر آمادہ ہوئی تو مختصر مکمّل (صابر ظفر) جیسے سادہ دل سے منظر امام کو صادقین کہہ کر متعارف کرا دیا۔ یہ سب جوانی کے عام تقاضے تھے ورنہ احمد جاوید جس راستے پر گامزن تھے وہ بظاہر تو ان کا اپنا انتخاب لگتا تھا لیکن میرا خیال ہے کہ دراصل یہ اُن کے اُس آئندہ کی تیاری تھی جسے قدرت اُن کے لیے تقدیر کر چکی تھی، ورنہ وہ اُس وقت بھی عام سی ٹھیک ٹھاک زندگی گزارنے کی پوری اہلیت رکھتے تھے۔ یہ ہرگز ضروری نہیں تھا کہ وہ غرقِ کتاب ہوتے اور وہ صحبتیں اٹھاتے جن میں فیض بانٹنے کا چلن عام تھا۔

یہ عجیب بات ہے کہ ایک آدمی جس نے تمام جوانی خانہ بہ دوشی کے عالم میں گزار دی اس کے حوالے سے آپ کو سنانے کے لیے میرے پاس کوئی چٹ پٹی کہانی نہیں ہے حالاں کہ خانہ بدوشوں کے جَلو میں تو کئی کہانیاں ایک ساتھ سفر کرتی ہیں۔ میرے پاس تو بس چند آپس میں الجھی ہوئی یادیں ہیں یا وہ کڑواہٹ جو کبھی کبھی ہولناکی کی حد تک شدید ہو جایا کرتی تھی، لیکن کیا کسی خانہ بدوش کا احوال بجائے خود ایک دل چسپ رُوداد نہیں ہوتا، جب کہ وہ اس طرزِ زندگی کے تقاضے پورے کرنے سے بھی قاصر ہو؟ احمد جاوید بنیادی طور پر ایک دھیمے مزاج کے آدمی ہیں۔ اس قبیل کے لوگ کم ہی اپنے کنبے سے ٹوٹ کر ایک آزاد اور خود مختار زندگی اختیار کرتے ہیں۔ اکثر اِس حوصلہ مندی کی بہت بھاری قیمت ادا کرنی پڑتی ہے لیکن جو آدمی اس فیصلے پر اٹل ہو جائے اُس کا تو ہر دن ایک داستان بن جاتا ہے۔ احمد جاوید اپنی والدہ کے انتقال کے بعد سے ایسی ہی جرأت مندانہ زندگی گزار رہے تھے لیکن یہ ایک مکمّل علیحدگی کا معاملہ نہیں تھا۔ وہ بعد میں بھی شاہ

فیصل کالونی نمبر تین کے ایک کمرے کی اقامت گاہ سے کبھی کبھار کا ناتا جوڑے رہے۔ جہاں اُن کے بڑی بڑی سرخ آنکھوں والے دراز قامت ابّی انگریزی کے درس کو ذریعۂ روز گار بنائے رہائش پذیر تھے۔ میں ہمیشہ سے احمد جاوید کو یہی آزادانہ روش اختیار کیے ہوئے دیکھ رہا ہوں۔ اِس آزادی نے اُنھیں ایک عجب قسم کی خود مختاری سے بھر دیا ہے۔ اُن کا فیصلہ کن انداز گفتگو اور تیقّن بھرا لہجہ کسی بھی اجنبی کو اُن سے بد گمان کر سکتا ہے، لیکن کیا کیجیے کہ یہ اُن کی ایک نوع کی مجبوری ہے کہ اگر آدمی ہمیشہ بس اپنے ہی مقابل رہا ہو تو پھر اسے اپنے اِس حکمیہ انداز کی عادت سی پڑ جاتی ہے۔ یوں بھی اپنی ذات پر اِس اعتبار ہی نے تو برسوں سے اُن کے سانس کی ڈور کو تھامے رکھا ہے۔

احمد جاوید میں وہ تمام خصوصیات موجود تھیں جو اس قسم کی زندگی گزارنے والوں میں عام طور پر مشاہدہ میں آتی ہیں۔ وہی متلون مزاجی، بے فکرا پن، زندہ دلی، غیر ذمہ داری، لا ابالی پن، شخصیت میں ایک سادگی لیکن ساتھ ہی ایک مخفی چالاکی، یار باش اور بزم آرائی کے شوقین اور ہمدرد لیکن کبھی کبھی بے حد سفاک، بے نیاز اور کشادہ دل اور ایک قسم کا بکھراوا جو اُن کی پُور پُور میں وجود رکھتا تھا۔ اسی کے ساتھ خیر کا ایک ننھا منا پودا جو کبھی کبھار اپنی چھب دکھلا کر غائب ہو جایا کرتا۔ عام طور پر وہ کسی ایسی کتاب کی طرح دکھائی دیتے جسے بڑی بے دلی سے مرتب کیا گیا ہو۔ ایک مستقل ٹھکانے کی عدم دستیابی احمد جاوید کے لیے کبھی کوئی سنگین مسئلہ نہیں رہی بلکہ مجھے تو کچھ ایسا محسوس ہوتا تھا کہ جیسے کھلی کشادہ زمین کی ہمرہی میں آسمان سر پر اٹھائے پھرنے کے لطف نے اُنھیں چہار دیواری اور چھت کے تصور ہی سے متنفر کر دیا تھا جیسے اِس بکھیڑے سے انہیں اب کوئی دلچسپی ہی نہیں رہی تھی۔

وہ بھی عجب زندگی تھی۔ ہم تقریباً تمام دن شناسا شاعروں کے ڈرائنگ رومز میں

گزارتے اور شام گئے سے رات ڈھلے تک ہمارا ٹھکانہ سلطانیہ ہوٹل ہوتا۔ خاص طور سے ایک یہی ہوٹل اِس لیے، کیوں کہ یہاں ہمیں ادھار کی سہولت حاصل تھی۔ اِس ہوٹل کے روح رواں ایک گول مٹول سے بھاری بھر کم نوجوان پیارے میاں تھے۔ یہ اپنی نوعیت کی ایک عجیب ہی شخصیت تھی۔ اُن کے چہرے پر ہمہ وقت گوتم کا سا سکون اور گہری سنجیدگی چھائی رہتی۔ بہت ہوا تو کسی بات پر خوش ہو کر مسکرا دیئے۔ جانے اُنھیں احمد جاوید میں کیا نظر آ گیا تھا کہ اُن پر لُو لوٹ ہوئے جاتے اور اُن سے احترام کا قرینہ رکھتے۔ اب ادب سے تو اُن کا کچھ لینا دینا تھا نہیں کہ جناب چِٹّی آن پڑھ تھے۔ ہاں اُن میں ایک لٹک ضرور تھی، ایک مخفی سی خود فراموشی جسے اُن دنوں ہم کوئی معنی دینے سے قاصر تھے۔ احمد جاوید بھی اُن سے بڑے چاؤ کا تعلق رکھا کرتے اور ہم یہ سوچ کر حیران رہتے کہ اس تعلق کو کیا نام دیں، جو ایک چائے والے اور صاحبِ علم کے بیچ کسی قدر بلند سطح پر استوار تھا۔ اِس سارے معاملے میں ہمارے لیے اطمینان کا پہلو یہ تھا کہ ہمیں اب اس بات کا کھٹکا نہیں رہا تھا کہ سلطانیہ میں ہماری فاقہ مستی کوئی رنگ لا سکتی ہے۔ اُن دنوں احمد جاوید انجمن سماجی کارکنان کے دفتر کی میز پر بستر جمایا کرتے تھے۔ شاعری پر گرفت نے جہاں اُن کی راہ کے اور بہت سے کانٹوں کو چن لیا تھا وہیں اِس خواب گاہ کے حصول میں بھی یہی غزل کہنے کا سلیقہ کام آیا تھا۔

لیکن ظاہر ہے کہ زندگی کرنے کے لیے ایک خواب گاہ ہی کافی نہیں ہوا کرتی۔ آدمی کتنا ہی بے نیاز رہے پھر بھی کتنی ہی ضرورتیں اُس کی دامن گیر رہتی ہیں۔ سو اِس کے لیے کچّے پکّے شاعروں کا ایک پورا ریوڑ موجود تھا جو ہر لمحے احمد جاوید کی خدمت پر کمر کسے رکھتا۔ وہ اُن کے مصرعے سیدھے کیا کرتے کبھی دو چار اشعار بھی لکھ دیتے، گاہے گاہے شعر کی معنویت اور شاعر کی اہمیت پر ایک کلامِ چشم کشا اور اُن کا مخاطب ڈھیر ہو جایا

کرتا۔ لیکن مارے باندھے کا یہ تعلق اکثر ریت کی دیوار ہی ثابت ہوتا۔ یوں بھی احمد جاوید کے لیے زیادہ دیرپا سمجھوتے کرنا ممکن نہ تھا۔ اُن دنوں یوں بھی وہ ننگی تلوار بنے ہوئے تھے۔ جب کوئی خود کو پورا شاعر خیال کر کے ذرا پر پُرزے نکالتا تو وہ اُس کی عقل پر پڑے پردے بے دردیسے نوچ پھینکتے۔ یہ خود کو شعوری طور پر امتحان میں ڈالے رکھنے کا معاملہ تھا، جسے محترم محض ایک تفریح قرار دیتے حالانکہ یہ واضح طور پر کچوکے لگانے کا ایک شعوری عمل ہوتا۔ دراصل اپنے اندر کی سفّاکی کو آدمی چاہے کوئی بھی نام دے لے، لیکن جب وہ اظہار کی راہ پالے تو ظاہر ہونے سے نہیں رہتی۔ شاید اِس طرح احمد جاوید اپنے کیتھارسس کا ایک جتن کیا کرتے تھے، لیکن میں نے اپنے دوست کو کبھی کسی کم زور سے پنجہ کشی کرتے نہیں دیکھا۔

احمد جاوید ادبی مناظرے بازی کے بڑے رسیا تھے جس کے لیے شہر میں کتنے ہی سقراط بقراط دکانیں سجائے بیٹھے تھے اور سب سے بڑھ کر تو حلقہ اربابِ ذوق تھا جہاں بڑے بڑے معروف صاحبانِ دانش کا اجتماع ہوا کرتا۔ جن میں سے کئی کی سانس کی ڈور واہ واہ سے بندھی ہوتی اور جن کا معیارِ تنقید یہ تھا کہ وہ کسی بھی تخلیق میں کیڑے نکال لینا کمالِ فن ہے۔ خاص طور سے کسی نوجوان کا فن پارہ سماعت کرتے ہوئے اُن کے چہروں پر عجب رعونت کی پھٹکار برستی رہتی۔ دراصل یہ منحرفینِ ادب کا ایک بڑا گروہ تھا۔ اُن کے لیے محض اپنا لکھا ہوا لفظ ہی معتبر اور مقدّس حیثیت رکھتا تھا۔ اِن ہی میں کچھ صاحبانِ نظر ایسے بھی تھے جنھوں نے حرف کی حرمت اور سربلندی کے لیے اپنی زندگی وقف کر رکھی تھی اور اِن ہی کے دَم سے ادب کا اعتبار قائم تھا لیکن یہاں مجھے اکثریت کا تذکرہ مطلوب ہے۔ احمد جاوید سیر سپاٹا کرتے ہوئے کبھی کبھار حلقے کی کسی نشست میں جانکلتے، جب تک وہ چپ چاپ بیٹھے رہتے اُنھیں لڑکا سمجھ کر کوئی خاطر میں ہی نہ لاتا، لیکن جب

کسی گمان کے مارے کی بات اچک کر وہ آغازِ کلام کرتے تو بہت سی آنکھوں میں تشویش مچلنے لگتی۔ بعض اوقات کوئی کج بحثی پر اُتر آتا۔۔۔ سُو نتیجہ ظاہر ہے۔ اکثر نام نہاد دانش مند انِ شہر احمد جاوید کے کلام کی گرمی سے گویا پگھل کر گر جاتے اور پھر کچھ ہی ساعتوں میں لفظوں کا بہاؤ اُنھیں بہالے جاتا۔ ایسی ہی ایک محفل میں احمد جاوید کی گفتگو سن کر سلیم احمد نے اُنھیں اپنے دامنِ عافیت میں سمیٹ لیا تھا۔ احمد جاوید اِن نشستوں میں خوب کھیل کھیلتے، وہ کسی تخلیق کار کی فنّی کم زوری پر شدّ و مد سے گفتگو کرتے کرتے اچانک، اپنا روئے سخن بدل لیا کرتے اور یہ کہہ کر کے اِس تخلیق کا اس رخ سے بھی جائزہ لیا جانا چاہیے، اُسی تخلیق کے فنّی محاسن بیان کرنے لگتے۔ وہ تمام اربابِ دانش جو ابھی کچھ دیر قبل تک احمد جاوید کی بیان کی ہوئی خامیوں پر سر ہلا ہلا کے مہرِ تصدیق ثبت کرتے رہے تھے۔ اب اُسی تخلیق کار کی تکنیک، تخلیقی جوہر اور تحریر کی تہہ داری کے معترف نظر آنے لگتے۔ (کچھ مدّت بعد میں نے اسی ترکیب سے اپنے دوست سراج منیر کو لاہوری دانشوروں کو چت کرتے دیکھا۔) ظاہر ہے کہ یہ ہمارے دوست کا ایک سفاکانہ کھیل تھا۔ شاید اپنے اِس عمل کے ذریعے احمد جاوید اِن دانشوروں کو یہ نکتہ تعلیم کیا کرتے تھے کہ علم کو ہر چیز پر برتری حاصل ہے اور شاید یہ بھی کہ علم سے مغائرت کا رویہ رکھنے والوں کو نہایت سہولت سے ملیامیٹ کیا جا سکتا ہے۔

احمد جاوید کی لفظ سے وابستگی بھی خوب تماشے دکھاتی۔ ظاہر ہے کہ یہ اُن کی استطاعت سے باہر تھا کہ وہ مہنگی کتابیں خود خرید سکتے، اور کیوں کہ وہ شہر کے ایسے حصے میں رہائش رکھتے تھے جہاں پبلک لائبریریاں سرے سے موجود ہی نہیں تھیں اِس لیے اُن کا کام مانگے تانگے کی کتابوں سے چلا کرتا۔ اِن کتابوں کے حصول کے لیے احمد جاوید یہ واردات کیا کرتے کہ جب کسی دوست کے پلّے میں کچھ رقم دیکھتے تو اُسے گھیر گھار کر پہلے

اُس کی بے علمی پر ڈانٹتے پھٹکارتے پھر کتاب کی افادیت اور مطالعے کی اہمیت پر ایک پُر تاثّر لیکچر دیتے، جب اُن کا سامع اُن کے حسنِ کلام سے تقریباً ڈھیر ہو جاتا تو اُس خاص کتاب کا تذکرہ چھیڑ دیتے جو اُنھیں مطلوب ہوتی۔ اپنے زورِ بیان سے وہ ثابت کر دیتے کہ اِس کتاب سے محرومی اِس عہد کی سب سے بڑی بد نصیبی ہو گی۔ اُن کے نشانے پر آیا ہوا شکار فوراً ہی اُن کے ساتھ اِس کتاب کی خریداری کے لیے چل پڑتا، پھر دو یا تین دن کے بعد ہی وہ یہ کتاب اُس سے جھپٹ لیتے۔ خود مجھ سے انھوں نے ستارہ یا بادبان، انسان اور آدمی اور ایک اور کتاب خرید کروائی اور پھر۔۔۔ اِس کے بعد چراغوں میں روشنی نہ رہی۔ علم کے حصول کے لیے وہ زیادہ تر مکالمے پر انحصار کیا کرتے تھے۔ اِس لیے انہیں جب کبھی موقع ملتا وہ مکالمہ برپا کر دیتے۔ چاہے وہ ریڈیو کینٹین میں قمر جمیل کی محفل ہو یا بزم طلبا کے پروڈیوسر ضمیر بدایونی کا نیم تاریک کمرہ، خواہ سلیم احمد کی چوپال چاہے طارق روڈ پر منہ زبانی دانشور (سجاد میر) کا اجاڑ کمرہ یا ایوان تمدّن کی کوئی نشست یا نوجوان ادیبوں شاعروں کی کوئی منڈلی، ہمارا دوست کہیں بھی علم و دانش کے موتی لُوٹنے لٹانے سے باز نہیں آتا تھا۔ پھر یہ دنیا، جو اُس کے لیے سب سے بڑی درسگاہ ثابت ہوئی تھی۔

اُن دنوں احمد جاوید کا کل اثاثہ اُن کے سینے میں دہکتا علم اور وہ بے لوث تعلق تھا جو وہ اپنے تقریباً تمام دوستوں سے بڑی محبت سے روا رکھتے تھے۔ اُن کے ہر دوست کو یہی گمان تھا کہ وہی انہیں سب سے بڑھ کر عزیز ہے۔ لیکن خود ہمارے دوست کا مرکزِ نگاہ کوئی ہی اور تھا، ایک نوجوان قصہ گو، شاعر، کہانی کار اور ڈرامہ نویس، جس کے ریڈیو کے لیے لکھے گئے ڈراموں کی اُن دنوں بڑی دھوم تھی۔ منظر امام، جس کے بدن میں ہڈیوں، لطیفوں اور قہقہوں کے علاوہ کچھ اور نہیں دھرا تھا۔ وہ اپنے جسم کی بے وزنی کو سگریٹ کے دھوئیں اور عشقِ بلا خیز سے بھرے رکھتا۔ جگت بازی اور خوابوں سے اَٹے اِس

نوجوان نے زندگی کی کڑواہٹ کو اپنی مسکراہٹ سے ڈھانپ رکھا تھا اور ایک وہی کیا، ہمارا تو پورا ٹولے کا ٹولہ ہی زندگی کی بے اعتنائیوں کو قہقہوں اور شرارت سے ٹھوکروں پر رکھے ہوئے تھا۔

ہماری اِس منڈلی میں ایک دو دلچسپ کردار اور بھی تھے جنھیں احمد جاوید سے گہری قربت کا دعویٰ تھا۔ ایک تو وہی ناصر سائیکو (محمد ناصر) جو سرحد سے حال ہی میں کراچی آیا تھا اور اُن دنوں جس کے ایک مطلع کی بڑی دھوم تھی۔

رکے تو چاند چلے تو ہواؤں جیسا ہے
وہ شخص دھوپ میں دیکھو تو چھاؤں جیسا ہے

قمر جمیل سمیت ہم سب ہی محمد ناصر کے شعری مستقبل سے بے حد پُر امید تھے لیکن افسوس کہ آگے چل کر وہ ٹیلی وژن کے لیے چند مقبول گیت لکھنے کے سوا اور کچھ بھی نہ کر سکا۔ اِس کے علاوہ مختار حیات تھے کہ گرمی سردی، صبح وشام نک ٹائی جن کے گلے کا ہار رہتی اور وہ، سوٹ بوٹ میں ملبوس گردن اکڑائے پھرا کرتے۔ اُن کی چال میں کلف لگے کپڑے کی سی چٹک مٹک ہوا کرتی تھی۔ کبھی کبھی وہ گہرے گندمی وجود پر سفید براق کرتا اور آڑا پاجامہ بھی ٹانک لیتے۔ اُن کا یوں لیے دیے رہنا اور سمٹے سمٹائے بیٹھنا اور بے حد تکلف سے کلام کرنا ہم سب کے لیے لطف کا ایک بڑا سامان ہوا کرتا تھا۔ ہمارے اِس دوست کو ادبی محافل سجانے کا بہت شوق تھا۔ مختار حیات کے ادارے ''ایوانِ تمدّن'' کے تحت ماہانہ تنقیدی نشست کا اہتمام ہوا کرتا۔ اِن نشستوں میں احمد جاوید، افضال احمد سید، ثروت حسین، سرشار صدیقی، شوکت عابد، منظر امام، نور جہاں نوری اور کبھی کبھار سراج منیر وغیرہ شریک ہوا کرتے۔ یہ نشستیں عام طور پر مختار حیات کے گھر کی چھت پر منعقد ہوا کرتیں۔ جن میں سرشار صدیقی اور احمد جاوید بڑے زور و شور سے بحث کیا کرتے۔

کبھی کبھار افضال احمد سید بھی دھیمے سے کوئی فقرہ اچھال دیتے لیکن اِس نقار خانے میں طوطی کی سنتا کون تھا۔

آخر احمد جاوید انجمن کے دفتر سے ہمارے گھر اٹھ آئے، نا صرف چلے آئے بلکہ ٹک بھی گئے، اِس کے شاید دو کارن تھے۔ ایک تو یہ کہ ہمارے گھر میں کسی روایتی ضابطے کی پابندی لازمی نہیں تھی دوسرے یہ کہ یہاں ایک ماں تھی، جس کی برگد ایسی چھاؤں اپنے اور پرائے کی تخصیص نہیں رکھتی تھی اور ہمارا دوست ایک مدّت سے اِس نعمت کو ترسا ہوا تھا اور میرے والد بھی کھلے دل کے بے تکلف آدمی تھے۔ سُو ہماری اماں اُن کی والدہ اور ہمارے باوا اُن کے والد ٹھہرے۔ احمد جاوید نے جلد ہی والد سے گہرا تعلق استوار کر لیا۔ میں دیکھتا کہ وہ اُن سے بڑی تیزی سے بے تکلف ہوتے جا رہے ہیں۔ والد اُنھیں فوج کے زمانے کے قصّے یا پھر فارسی کے اشعار سناتے جو اُنھیں ازبر تھے اور پھر احمد جاوید سے اُن کے شعر سنتے۔ وہ دونوں گفتگو میں ایسے منہمک نظر آتے جیسے اُن کی عمروں میں کوئی تفاوت ہی نہ ہو۔ مجھے اِس محفل میں باریابی کا موقع بہت کم نصیب ہوتا، احمد جاوید جب دن چڑھے سو کر اٹھتے اور جتنی دیر میں منہ پر چھپاکا مار کر پلٹتے، میں چائے کے دو قدحے اور روٹی کی چنگیری لا رکھتا، ناشتے کے دوران وہ والد سے ہلکی پھلکی گفتگو میں محو رہتے اور پھر ہم نکل کھڑے ہوتے، اِس کے بعد رات گئے تک وہی روزانہ کا معمول، وہی سلطانیہ ہوٹل، دوستوں کی چوکڑی، کسی شاعر کے گھر کا سجا سجایا کمرا اور شاعری اور ہمارے محترم کی تقریرِ دلپذیر اور یہ اور وہ۔۔۔ غرض بڑی مصروف زندگی تھی۔ جس میں ہم سوائے کارِ کلام کے اور کچھ بھی نہ کیا کرتے۔

کچھ مدّت کے بعد ہم داڑھی منڈوں کی حلقے میں ایک داڑھی والے کا اضافہ ہو گیا۔ یہ سلسلہ چشتیہ اشرفی کے نمائندے حاجی صاحب تھے۔ لانبا قد، متبسّم چہرے پر مہندی

سے رنگی سرخ و سیاہ داڑھی، کاندھے پر پڑا اکھٹی رومال اور ڈھیلا ڈھالا معطر ملبوس۔۔۔ ابتدا میں تو میں حیران رہا کہ اُن سے ہمارا کیا ٹانکا؟ وہ ایک باشرع، دین دار اور منضبط آدمی اور ہم آزاد منش اور آوارہ۔ قیاس کیا کہ شاید یہ معاشی فلاح کا کوئی جز وقتی پروگرام ہے، لیکن جلد ہی باور آیا کہ نہیں یہ لمبا چلنے والا کوئی سنجیدہ معاملہ ہے۔ اب ہماری بیٹھک سلطانیہ سے حاجی صاحب کے تیل اور گیس کے ڈپو میں منتقل ہو گئی تھی۔ جس میں اُنھوں نے ایک دفتر بنا رکھا تھا اور وہیں اپنی چوپال جمائے بیٹھے رہتے تھے۔ شروع میں تو وہاں بھی وہی شعر و شاعری کا غلغلہ رہا لیکن پھر آہستہ آہستہ موضوعات تبدیل ہوتے چلے گئے۔ آخر بات نعت، حمد، منقبت اور بزرگانِ دین کے تذکروں پر آکر ٹھہر گئی۔ حاجی صاحب یوں تو ہمارے بزرگ تھے لیکن انھوں نے ہمیشہ ہم سے ایک مہربان دوست کا سا تعلق رکھا۔ ہاں نماز کی تلقین کرتے ہوئے وہ اچانک بزرگ بن جایا کرتے۔ میں اور منظر امام کم ہی اُن کے کہے پر کان دھرتے، لیکن اُن کی بات میں اثر ضرور تھا۔ ہم دیکھ رہے تھے کہ اب احمد جاوید بھی مسجد کا رخ کرنے لگے ہیں۔ نجانے یہ حاجی صاحب کی صحبت کا اثر تھا یا خود احمد جاوید ہی کو یہ خیال آگیا تھا کہ علم کو عمل کی سان پر بھی تولانا چاہیے۔ حاجی صاحب ہم سب سے نہایت تپاک اور محبت سے پیش آیا کرتے۔ احمد جاوید سے تو اُنھیں خصوصی انسیت تھی۔

وقت تیزی سے کروٹ بدل رہا تھا۔ اب ہماری منڈلی بھی دھیرے دھیرے بکھرتی جا رہی تھی۔ ثروت حسین نے محکمہ تعلیم میں کلرکی کر لی تھی۔ شوکت عابد کو حمایت علی شاعر نے قومی بچت کے ادارے میں کھپا دیا تھا۔ سراج منیر اپنا مقام بنانے کے لیے لاہور سدھار گئے تھے اور دیگر احباب نے بھی یافت کا کوئی نہ کوئی حیلہ ڈھونڈ نکالا تھا۔ ایک ہمارا مثلث تھا کہ اب تک جوتیاں چٹخاتا پھر رہا تھا۔

جب سے حاجی صاحب ہمارے رابطے میں آئے تھے مجھے احمد جاوید میں ایک واضح تبدیلی ہوتی محسوس ہو رہی تھی۔ اُن میں خیر کا وہ ننھا منا پودا اب اکثر اپنا ظہور کرنے لگا تھا۔ وہ کھوئے کھوئے سے رہنے لگے تھے کسی گہری سوچ میں گم۔ میں محسوس کرتا کہ اب اُنھیں اپنے یارِ عزیز منظر امام کی شگفتگی بھی گراں گزرنے لگی ہے۔ اُن کی ذات میں ایک واضح یاسیت نمو پا رہی تھی۔ مجھے محسوس ہوتا جیسے زیاں کے کسی گہرے احساس نے اُنھیں دائرہ کر رکھا ہے، اُن کے لہجے کی کاٹ بھی کند پڑتی جا رہی تھی بلکہ سچ تو یہ ہے کہ اب وہ بہت کم گفتگو کیا کرتے۔ کبھی کبھی استغراق کے عالم میں منقبت لکھنے بیٹھ جایا کرتے۔ مجھے اور منظر امام کو اُن کی اس مصروفیت سے کوئی خاص دلچسپی نہ تھی کہ ابھی ہمارے قلب کی سیاہی ادھڑنے کا آغاز نہیں ہوا تھا۔ ہمیں تو یہ بھی خبر نہ تھی کہ وہ کس کی مدح میں منقبت لکھا کرتے ہیں۔ ان کی شخصیت میں رونما ہونے والی تبدیلی کو میں اور منظر امام سنجیدگی سے نہیں لے رہے تھے، شاید ہم دونوں ہی یہ گمان رکھتے تھے کہ یہ مزاج کے تلون کا معاملہ ہے لیکن اِس انکشاف نے واقعتاً ہمیں حیران کر دیا کہ احمد جاوید، حاجی صاحب کے ہاتھوں پر باقاعدہ بیعت ہو چکے ہیں۔ مجھے پہلی بار اندازہ ہوا کہ ایقان، علم سے زیادہ قوی ہوتا ہے۔ اُن میں تبدیلی کے جو اشارے مل رہے تھے اُنھوں نے اِنھیں مجبور کر دیا تھا کہ وہ قریب ترین سہارے کا دامن تھام لیں۔ اب حاجی صاحب اور اُن کے درمیان ایک بالکل نیا رشتہ قائم ہو چکا تھا اور وہ ایک سعادت مند سالک کی حیثیت سے مرشد کی جانب سے عائد کی گئی ذمہ داریوں کو ذمہ داری سے نبھا رہے تھے۔ اِس تعلق کے خالص پن نے مجھ پر احمد جاوید کی ایک اور شخصی خوبی اجاگر کر دی تھی۔

اِس واقعے کے بعد سے احمد جاوید کچھ الجھے الجھے رہنے لگے جیسے اُنھیں کوئی بے اطمینانی سی ہو۔ جیسے وہ کسی بڑے سفر پر نکلنے کے لیے کمر کس رہے ہوں۔ اب نئے نئے

لوگ اُن سے ملاقات کے لیے آنے لگے تھے۔ جن سے وہ دینی مسائل پر گفتگو میں مصروف رہتے۔ یہ نئے احباب بھی کیوں کہ دین کا واجبی سا علم رکھتے تھے اِس لیے جلد ہی اُن کا رویہ بھی احمد جاوید کے شاگردوں کا سا ہو جاتا تھا، لیکن مجھے صاف لگتا تھا کہ اِن محفلوں میں اپنی اِس نمایاں حیثیت کے باوجود ہمارا دوست مطمئن نہیں ہے۔ کچھ ایسا محسوس ہوتا جیسے اُن کے من میں کوئی اور ہی آگ دہک اٹھی ہے۔ وہ اکثر کئی کئی روز کے لیے کہیں غائب ہو جایا کرتے۔ اُن کا قیام تو اب بھی ہمارے ہی غریب خانے پر تھا لیکن ایسا لگتا تھا کہ موصوف رسا تڑا کر بھاگنے کی فکر میں ہیں۔ اب وہ کئی کئی دن کے ناغے کے بعد ہمارے گھر جوگی کا سا پھیرا لگایا کرتے۔ ابتدا میں گھر والوں کو تشویش ہوئی لیکن پھر وہ اِس معمول کے عادی ہو گئے۔

آخر ڈائیں ڈائیں پھرنے اور گھر والوں کے روز روز کے طعنوں سے اکتا کر میں نے بھی ایک میڈیکل اسٹور میں سیلزمین کی ملازمت کرلی۔ اب ہماری ملاقاتوں کا دورانیہ اور بھی تنگ ہو گیا تھا۔ ایک دن سخت گرمی میں جب میں کاؤنٹر پر کھڑا ایک ڈاکٹری نسخہ پڑھنے کی کوشش کر رہا تھا کہ ناگاہ میری نظر چُوکی، اور کیا دیکھتا ہوں کہ احمد جاوید پسینے میں شرابور، بال بکھرے ہوئے، ملگجے کپڑے، داڑھی انگلز انگلز بھر بڑھی ہوئی اور چہرہ دھوپ کی حدّت سے تمتمایا ہوا، ایک سائیکل رکشہ جیسے ٹھیلے پر گیس سلنڈر بار کیے اُسے ٹھیلتے چلے آرہے ہیں۔

''اچھا تو حاجی صاحب نے اِنھیں کسبِ حلال میں جھونک ہی دیا۔'' میں نے خود کلامی کی۔ اس نظارے سے جہاں مجھے اپنے دوست کو بر سرِ روزگار دیکھ کر خوشی ہوئی تھی وہیں اِس بات کا رنج بھی پہنچا تھا کہ کیسی بے قدری ہے کہ اتنا پڑھا لکھا باصلاحیت آدمی سلنڈر ڈھونے پر مجبور ہو گیا ہے۔ اُس وقت مجھے اِس بات کا گمان تک نہیں گزرا کہ ممکن

ہے یہ اُن کے نفس کی تربیت اور تہذیب کا کوئی ڈھنگ ہو، اور اُس وقت تو شاید احمد جاوید بھی اِس کا ادراک نہیں رکھتے تھے۔ وہ تو بس مرشد کے اشارے پر حلال کی روزی کمانے میں جٹ گئے تھے۔ اِس مشقّت اور نفس کشی کا دورانیہ زیادہ طویل ثابت نہیں ہوا کہ ابھی انہیں اِس سے کہیں کڑے امتحان سے گزرنا تھا۔ ایک بے باک شاعرہ نور جہاں نوری نے گویا اُن کی بے کسی پر ترس کھاتے ہوئے، احمد جاوید کو اُن کے مزاج اور میلان کے بر خلاف محکمہ بہبود آبادی اور خاندانی منصوبہ بندی میں موٹیویٹر کی ادنیٰ سی ملازمت پر فائز کرا دیا۔ یہ ہمارے دوست کی پہلی باقاعدہ چاکری تھی۔ ایک تو ناتجربہ کاری پھر اردگرد کا نامانوس ماحول، احمد جاوید کی ساری دانش مندی چوپٹ ہو کر رہ گئی تھی۔ مردوں کی محفلوں میں ہوش اڑا دینے والا، یہاں ہونٹوں پر لاک لگائے بیٹھا تھا۔ اب وہ میرے لیے بالکل ہی عنقا ہو گئے تھے۔ میں بہت مدّت تک اُن سے قطعی بے خبر رہا۔۔۔ اور پھر شاہ فیصل کالونی نمبر تین کی وہ سرسبز چورنگی، جہاں میں نے موصوف کو پہلی بار مرتّب اور معقول حالت میں نظارہ کیا۔ بال ترشے ہوئے جنھیں محبت اور سلیقے سے کاڑھا گیا تھا، جسم پر اجلا سا لباس، گلے میں سونے کی زنجیر، پیر میں نیا جوتا اور جیب میں بڑھیا سگریٹ کا بھرا ہوا پیکٹ۔۔۔ احمد جاوید مجھے دیکھ کر طمانیت سے مسکرائے۔ وہ جب سے میرے گھر سے منتقل ہو کر اس علاقے میں آئے تھے، یہ میری اُن سے پہلی ملاقات تھی۔ لگتا تھا جیسے یہ آدمی ابھی ابھی کوئی معرکہ سر کر کے لُوٹا ہو۔ پہلی نظر میں تو میں اُنھیں پہچان ہی نہ سکا، لیکن جب شناخت کر لیا تو میرا پہلا تاثّر بے حد ناگوار تھا، اُنھیں اِس طرح نک سک سے درست دیکھ کر مجھے صدمہ سا ہوا تھا۔ حالاں کہ بعد میں مجھے تعجب بھی ہوا کہ کسی دوست کی حالت سدھرنے پر دکھ کا کیا جواز۔۔۔ شاید مجھے اُس بے ترتیبی کی عدم موجودگی پر مایوسی ہوئی تھی جسے میں برسہا برس سے اُن کی شخصیت کا حصہ دیکھتا آیا تھا۔ وہ نہایت

شوق اور والہانہ پن سے کسی کا تذکرہ کر رہے تھے اور سچ کی سرسبزی اُن کے روئیں روئیں میں چمک رہی تھی۔ اگر آدمی شدّت پسند ہو تو عشق اُس کے لیے آزار بن جاتا ہے۔ اِس اطلاع نے مجھے ایک عجیب سی خوشی اور خوف سے بھر دیا تھا، مجھے لگا کہ میں اپنا دوست کھو چکا ہوں۔ چند ماہ کے لیے وہ ایک بار پھر قطعی مفقود الخبر ہو گئے پھر معلوم ہوا کہ اُنھیں ایک شعلے نے اپنی لپیٹ میں لے لیا ہے اور دیکھتے ہی دیکھتے یہ آگ اُن کے رگ و ریشے میں اترتی چلی گئی۔ آخر وہ بھید بھری سے پیوست ہو گئے۔ اب احمد جاوید کو ایک جہنم کی کل وقتی نگہ داری تفویض ہو چکی تھی۔ کچھ ہی عرصے بعد ناگوار خبریں گردش کرنے لگیں معلوم ہوا کہ وہ ایک مستقل مجاہدہ میں مبتلا ہیں۔ خانہ بدوشی جسے احمد جاوید ایک عرصے تک کسی شغل کے طور پر اختیار کیے رہے تھے اب اُن سے انتقام لینے پر اتر آئی تھی اور بڑی سفّاکی سے اُنھیں اپنے پورے مفہوم سے متعارف کرا رہی تھی۔ ایک آگ تھی کہ جس نے اُن کی روح تک کو جھلسا کر رکھ دیا تھا۔ احمد جاوید کے لیے چیزیں، لوگ، گردوپیش، آب و ہوا غرض ہر شے اپنے معنی بدل رہی تھی۔ ایک آدمی تبدیل ہو رہا تھا، احمد جاوید پتھر سے پارس بننے کے مرحلے میں تھے۔ اُن کا یہ سفر کئی برس پر محیط تھا، جس میں تمام عرصے میں اُنھیں ایک جہنم کا کندہ بنا رہنا پڑا، آخر آگ اپنا رنگ بدلنے لگی، اُن کے ارد گرد سے ایک نجات دہندہ ظاہر ہوا۔ جس نے اپنے تئیں بڑی چالاکی سے احمد جاوید کی جگہ اِس قیدِ بامشقت کو خود قبول کر لیا۔ یہ اعتماد اور دوستی کا افسوسناک اختتام تھا۔ ابتدا میں تو ایسا لگا جسے کوئی بہت بری بات ہو گئی ہو، لیکن اب ایسا لگتا ہے کہ شاید یہ سب کچھ اسی طرح ہونا مقسوم تھا، ورنہ آج شاید ہم ایک بالکل مختلف احمد جاوید سے ملاقات کر رہے ہوتے۔

جیسے پرندہ پنجرے سے نئی نئی آزادی ملنے کے بعد اڑنا ہی بھول جاتا ہے اور جب

اڑان بھرتا ہے تو اترنے میں نہیں آتا۔ احمد جاوید بھی نئی نئی آزادی کی خوشی میں بولائے بولائے پھرتے رہے، پھر اچانک نہیں معلوم کہ کہاں لاپتا ہو گئے۔ کبھی اڑتی سی خبر ملتی کہ وہ نوشہرہ میں ہیں تو کبھی اطلاع ملتی کہ اُن کی کمپنی اے سی ایل کو وہیں کسی اور شہر میں کوئی تعمیراتی ٹھیکہ مل گیا ہے۔ اُن کی زندگی کے اِس دور کے بارے میں میرا انحصار اطلاعات پر تھا جو بتاتی تھیں کہ اب اُنھوں نے مجاز سے گزر کر حقیقت کی راہ پالی ہے اور خیر کا ننھا منا پودا تقویت پا کر خوب برگ و بار لے آیا ہے۔ ایک مردِ کامل کا دامن تھام کر وہ بڑی سرعت سے منزلیں مار رہے ہیں۔ اُن کے اجلے چہرے پر سیاہ داڑھی خوب بہار دکھاتی ہے۔ کئی برس تک اُن سے میں اِن خبروں کے ذریعے ہی جڑا رہا اور اِدھر کراچی میں احمد جاوید کو جیسے فراموش ہی کر دیا گیا تھا۔ کسی ادبی محفل میں شاذ ہی اُن کا تذکرہ آتا بلکہ اب تو اُن کے دوستوں میں بھی چند ہی ایسے لوگ تھے جو اُن کی یادیں تازہ کیا کرتے۔ رہے اربابِ ادب تو اُن سب کو اپنی پڑی تھی وہ اِنھیں کاہے کو یاد رکھتے۔ وہ جب تک کراچی میں رہے اِن دانشوروں کے حلق کا کانٹا بنے رہے تھے۔ اب دانشمندی بھی یہی تھی کہ اُنھیں فراموش کر دیا جاتا۔ ہاں کچھ لوگ ضرور تھے جن کی گفتگو میں ہمارا دوست اب بھی ایک زندہ حوالے کی حیثیت رکھتا تھا۔ سلیم احمد اور قمر جمیل اپنی محفلوں میں اُنھیں کسی کھوئے ہوئے عزیز کی طرح یاد رکھتے۔

ایک روز اچانک اطلاع ملی کہ احمد جاوید اپنے مرشد کے ہمراہ کراچی آئے ہوئے ہیں۔ میں دوڑا دوڑا ماڈل کالونی پہنچا۔ اب مجھے بھی کولہو سے بندھے کئی برس ہو چلے تھے اور مجھے اپنی اور اپنے ماتھے پر دمکتے تین ستاروں کی بقا اور ترقی کے لیے دعاؤں کی شدید ضرورت تھی، احمد جاوید اب ایک دوسرے ہی آدمی تھے۔ عصر کی نماز ادا کر کے میں اُن کے مرشد کے دیدار کے لیے اُن کے ہمراہ ایک کمرے میں پہنچا۔ کمرہ روشن چہرے

والے صحت مند لوگوں سے بھرا ہوا تھا۔ یہ صوفیا کا گروہ تھا، جن میں سے ہر ایک اپنی جگہ شان دار شخصیت کا مالک تھا اور اُن سب میں نمایاں شخصیت اخوند زادہ صاحب کی تھی۔ دمکتا ہوا سرخ و سفید متبسم چہرہ، بڑی بڑی خوبصورت آنکھیں، جن سے حاضرین کے لیے محبت امڈی پڑ رہی تھی، وہ بیک وقت جیسے سب کی طرف متوجہ تھے۔ میں اِس محفل میں پہلی بار کسی بزرگ کے ہاتھوں پر بیعت ہونے کے تجربے سے گزرا۔ اس محفل میں مجھے واضح طور پر اپنے قلب کی سیاہی ادھڑتی ہوئی محسوس ہوئی۔ مرشد، احمد جاوید سے فارسی میں گفتگو فرما رہے تھے، مجھے حیرت ہوئی کہ جواب میں وہ بھی بڑی روانی سے فارسی بول رہے ہیں۔ یہ فارسئ جدید نہیں تھی۔ اِس بات کو میں اِس لیے سمجھ سکا کہ میرے اجداد بھی افغانستان کے صوبے پغمان سے ہجرت کر کے ہندوستان آئے تھے اور میرے بزرگ بھی یہی فارسی بولا کرتے تھے۔ یہ مقدّس محفل اور اِس کے بعد کے کئی دن میری زندگی کا ایک حیران کن تجربہ ہیں۔ احمد جاوید کو دیکھ کر اپنے رب کے قادر مطلق ہونے پر یقین اور کامل ہوا۔ واقعی وہ بے نیاز جس کا ہاتھ تھام لے پھر اس کی مثال ذرا مشکل ہی سے ملتی ہے۔ احمد جاوید کو شاید اُس بڑے سفر کی توفیق نصیب ہو چکی تھی، جس کے لیے میں اُنھیں حاجی صاحب سے بیعت ہونے کے بعد بے کل دیکھا کرتا تھا۔ اُن سے مل کر میں نے جانا کے کایا پلٹ جانے کے اصل معنی کیا ہیں؟ احمد جاوید سے میری ملاقات تو ہو گئی تھی لیکن ایک بار پھر مجھے احساس ستا رہا تھا کہ میرا دوست اِس کٹھن سفر میں کہیں گردِ راہ ہو گیا ہے۔ لیکن زیاں کے اِس تصور میں عجب طرح کی طرب ناکی اور آسودگی تھی۔ اُن سے ملاقات کی اِس چند روزہ تجدید میں مجھ ناقص پر کتنی ہی باتوں کی نئی معنویت آشکار ہوئی۔ کچھ دن بعد وہ کئی برس کے لیے اپنے ٹھکانے لاہور کی طرف لوٹ گئے، جہاں وہ علامہ اقبال اکیڈمی کے ایک اہم عہدہ پر فائز تھے۔ کراچی سے اب جیسے اُن کا دل ہی اٹھ

گیا تھا۔ وہ یہاں تعلق کی بے ثباتی پر خاصے دلگیر تھے۔ ایک بار اُنھوں نے مجھ سے کہا، ''ممتاز! جب میں کراچی کے حدود میں داخل ہوتا ہوں تو لگتا ہے جیسے میں نے کسی تاریک سرنگ میں قدم رکھ دیا ہو۔ تمھیں اندازہ نہیں کہ تم سب کیسے خسارے سے دوچار ہو، یہاں کوئی کسی کا دکھ شیئر کرنے پر آمادہ نہیں ہے۔'' ادب اب اُن کی ترجیحات میں کہیں بہت نیچے رہ گیا تھا۔ اور پھر وہ ساعتِ سیاہ جب سلیم احمد اپنے اجلے بستر پر ایسے سوئے کہ سوتے ہی رہ گئے۔ احمد جاوید کے لیے تو خیر یہ ایک ذاتی سانحہ تھا، لیکن یہاں اِس شہرِ نا پرساں میں بھی ہر آنکھ کو پُر آب دیکھا گیا۔ سلیم احمد کی پہلی برسی پر احمد جاوید کافی عرصے بعد کراچی آئے۔ اب اُن کی شخصیت میں ظاہری طور پر بھی مکمّل تبدیلی آ چکی تھی۔ سر پر سفید ٹوپی، آنکھوں میں بلا کا سکون، گفتگو میں دھیما پن، جھلسی ہوئی رنگت، سیاہ سفید گھنی داڑھی، صفاچٹ مونچھیں، اجلا لیکن شکن آلود لباس اور شلوار کے پائنچے ٹخنوں تک اٹھے ہوئے۔ وہ سراسر ایک صوفی کے ڈھنگ اختیار کر چکے تھے۔ سلیم بھائی کی برسی کی تقریب کے لیے وہ فارسی میں ایک طویل نظم لکھ کر لائے تھے۔ ہوٹل جبیس میں اِس نظم نے خاصی ہلچل مچائی، لیکن میں نے دیکھا کہ اکثر ادبی وڈیرے سونٹھ پیے بیٹھے رہے۔ احمد جاوید کو اس کا کوئی احساس ہی نہیں تھا۔ وہ تو اپنے استاد کو خراجِ عقیدت پیش کرنے آئے تھے اور یہ فریضہ انہوں نے خوبی سے ادا کر دیا تھا۔

***

اسیر اوقات۔۔۔شوکت عابد

ہمارے ممدوح ایک باریش، باعمل اور باشرع صوفی ہیں۔ ان کی ذات کا یہ تقدس ایسا نہیں کہ ان میں اچانک در آیا ہو، جیسے موت، جو یکایک آ گھیرتی ہے۔ خیر کی یہ کونپلیں ان کے جسم و جاں میں ہمیشہ سے وجود رکھتی تھیں لیکن شعلگی کو شبنم بنتے بنتے ایک زمانہ لگا۔ اپنی گمرہی کے زمانے میں بھی مولانا کو ایک راست باز اور ہموار آدمی کا تعارف حاصل رہا۔ یہ اس زمانے کا قصہ ہے جب موصوف اہتمام سے بال کاڑھے، نکٹائی لگائے، فرنگی شاعری کا بوجھ اٹھائے اور چہرا چمکائے ریڈیو کینٹین کی پر ہجوم میزوں پر مکالمات قمر جمیل نقل کیا کرتے اور جب اس سے فرصت پاتے تو اس کلام بلیغ پر سر دھننے میں مشغول ہو جاتے اور پھر نثری نظم کی مہم جوئی، جس میں اور بہت سے نوجوانوں کی طرح انہوں نے بھی بہت جان ماری اور بزم طلباء کا نیم تاریک کمرا جس میں جرمن فلسفے کا شہید اپنے پروگرام کی افادیت کے بجائے ہیڈیگر کے فلسفے کی اہمیت پر غور کیا کرتا اور مولانا ان ہکلاتے ہوئے ہونٹوں سے ٹوٹ ٹوٹ کر برستے الفاظ پر پورے استغراق اور انہماک سے سر ہلایا کرتے اور بدی کا پھول (انوپا) جس کی آواز اس کی نظموں میں جان ڈال دیا کرتی اور لجلجا دانشور (احمد ہمیش) جسے ہندی کی ایک فحش کتھا سناتے ہوئے مکھی نگل گئی اور کپاس کا پھول (رئیس فروغ) جس کی مہک آج بھی ہمارے ارد گرد تیرتی ہے اور جلاوطن جوگی (سید ساجد) جو مچھلیوں کی خوراک بن گیا اور پارٹیشن کے اس پار، وہ مہکتی سرگوشیاں، جن سے مولانا نے زندگی کا ایک نیا مفہوم کشید کیا لیکن یہ سب گئے دور کے

مناظر ہیں۔ لمحۂ موجود میں مولانا کو وقت نے جکڑ رکھا ہے۔ لمحوں کے زیاں کا ایسا شدید احساس اور انسانوں اور اشیاء میں توازن رکھنے کی ایسی شعوری تڑپ اور ظاہر و باطن کی یہ یک رنگی اب خال خال نظر آتی ہے۔ مولانا ایک جیسے بندھے ٹکے راستے پر طے شدہ زندگی گزارتے گزارتے اب اپنی کلائی پر بندھی سوئیوں کے قیدی بن گئے ہیں اور یہ قید اب انہیں گراں بھی نہیں گزرتی کیونکہ کسی نے ان کے کان میں پھونک دیا ہے کہ وقت کی طنابیں کھنچنے کو ہیں۔ مولانا کی شخصیت میں ایک خاص قسم کی تنظیم اور تیقن پایا جاتا ہے لیکن اس مرحلے تک پہنچنے کے لیے انہیں ایک صحرا عبور کرنا پڑا ہے اور صحرا کی پیاس تو کسی کو بھی سفاک بنا سکتی ہے لیکن مولانا سفاک نہیں محض درشت ہو سکے۔ اپنے شخصی اوزان کو درست رکھنے کے لیے محترم اٹل اصولوں اور بے داغ ضابطوں پر عمل کرتے ہیں لیکن اس کا مطلب یہ نہیں کہ مولانا نرے زاہد خشک ہیں۔ قہقہہ لگانا اور شرارت سے آنکھیں چمکانا انہیں خوب آتا ہے لیکن مولانا کو اپنی ذات پر کسی جانے والی پھبتی پر مسکرانے کا سلیقہ ابھی کم آیا ہے دراصل اس کے لیے تھوڑا حوصلہ اور وکھرے قسم کی کشادگی درکار ہوتی ہے۔ اور جب آدمی کولھو میں جت جائے تو کبھی کبھار اسے آنکھیں جھپکنے میں بھی آلکس آنے لگتی ہے۔ موصوف بھی کام کے اضافی بوجھ کے نیچے دبے کراہ رہے ہیں۔ ہفتے کے چھ دن تشہیر نگاری اور اس کے ساتھ ساتھ تین روز جامعہ کے فرزندگان جلیل کو زبان فرنگ میں تشہیر کی تعلیم دینا اور بھائی (ثروت حسین) کی کتابوں کی ترتیب اور کریٹو میٹنگز اور کالم نگاری اور خطابات قیصر عالم اور شعر لکھنے کا شوق اور عدم فرصتی کا رونا اور بے روزگار دوستوں کے لیے ہفتہ روزگار کا اہتمام اور موسیقی، جو انہیں بے آہنگ کر رہی ہے اور امامت کی ذمے داریاں اور نمازوں کی تیاریاں اور ادب پاروں پر اظہار خیال اور بائیں ہاتھ کی چھنگلی کے ناخن کی چمک، جسے زندہ رکھنے کے لیے انہیں

بہت وقت صرف کرنا پڑتا ہے اور معلوم مصروفیات اور مانوس چہرے جن سے معاملہ کرتے کرتے کبھی کبھی مولانا کو خود اپنی آواز سے اکتاہٹ محسوس ہونے لگتی ہے اور تحریروں کے لیے لوگوں کی فرمائشیں، جن کو لکھنے کی تیاری میں انہیں قرن بیت جاتے ہیں اور تراجمے اور منصوبہ سازیاں اور اب مولانا نے ایم فل کرنے کی ٹھانی ہے کہ اپنا ایک پرانا خواب تعبیر کر سکیں۔ کل وقتی معلم بن جانے کی خواہش مولانا میں ہمیشہ موجود رہی ہے لیکن آدھے دن کی معلمی پورا پیٹ تو بھرنے سے رہی اور اگر آدمی کا پیشہ اس کے لیے مجاہدہ بن جائے تو ایسے خواب اور خواہشات زیادہ شدت سے سر اٹھاتی ہیں۔ جس تشہیر نگاری کو مولانا نے بڑے چاؤ اور قلبی آمادگی سے آغاز کیا تھا ایسا معلوم ہوتا ہے کہ اب وہی ان کے حلق کا کانٹا بن گئی ہو کیونکہ تشہیر لکھتے ہوئے آپ پروڈکٹ کی ایسی خوبیاں بیان کرنے پر مجبور ہوتے ہیں جو اس کا خریدار اس پروڈکٹ میں دیکھنا چاہتا ہے اور وہ وصف جو گاہک کی توجہ پکڑنے کی سکت رکھتے ہوں اور ظاہر ہے ایسا کام کرنے میں سیاہ کو سفید بتانے میں تامل ممکن نہیں۔ لیکن اگر آپ ایک صوفی بھی ہوں تو آپ کے اندر چھپی ایک سفاکی، ہر لفظ پر ایک نشتر کے حساب سے آپ کو گھائل کرتی چلی جاتی ہے اور پھر یہ خدشہ کہ اگر کوئی پوچھ بیٹھا کہ جناب آپ تو صوفی ہیں پھر یہ مصالحت کیسی؟ ہمارے محترم مولانا ایک مدت سے اس کار سیاہ میں مصروف و معروف ہیں کہ روزگار کا کوئی اور ذریعہ موجود نہیں یا شاید ہمارے دوست کسی اور کام کے لیے سدھائے ہی نہیں گئے اور یہ بھی مشکل ہے کہ آدمی کالم نگاری، تراجم، شعر گوئی، لیکچروں اور معلمی سے اتنا کچھ حاصل کر سکے کہ وہ معاشرتی حیثیت جس میں آدمی قدرے بلند نظر آتا ہے، برقرار رکھی جا سکے اور اب اس عمر میں کہ جب مولانا کے سر کے بال بھی انہیں داغ مفارقت دینے کا عہد کیے بیٹھے ہیں یہ کسی بہت بڑے تجربے کا بیٹھے ہیں یہ کسی بہت بڑے تجربے کا خطرہ مول

لے سکیں سو یہ مرد مجبور خود کو وہاں کھپا رہا ہے جہاں آدمی کو اپنا آپ خانوں میں بانٹ لینا پڑتا ہے اور اس بٹوارے کے نتیجے میں جو پیکار جنم لیتی ہے اس سے ملتی جلتی صورت حال ہم اپنے مربی میں دیکھ سکتے ہیں جسے مولانا اپنی آسانی کے لیے ڈپریشن اور ان کا معالج گلٹ بتاتا ہے۔ آدمی کے لیے زیادہ حساس ہونا بھی بعض اوقات بڑی پریشانیوں کا باعث بن جاتا ہے کیونکہ روزنامچے میں معمولی سی ردوبدل بھی ایسے آدمی کو درہم برہم کر ڈالتی ہے لیکن یہ وہ سزا ہے جو ہمارے ممدوح آج کل جھیل رہے ہیں ورنہ ایک زمانے میں انہیں ایک جدید اور فیشن ایبل نوجوان کی شہرت حاصل رہی ہے کہ جس کے یاد آجانے پر ان کا ایک ادیب اور صحافی دوست آج بھی افسردہ ہو جاتا ہے۔ یہ وہ دن تھے کہ جب ایک حوصلہ مند شاعر جسے بین الکلیاتی مشاعروں میں سکہ بند شاعر کا درجہ حاصل ہو چکا تھا جامعہ کراچی سے اعزاز کے ساتھ نصاب مکمل کر کے کارزار حیات میں کسب معاش کے لیے سرگرم ہوا تھا اور نقار خانے میں اپنے رابطے مستحکم کرنے میں بڑی سرگرمی دکھا رہا تھا۔ یہ نثری نظم کے دولہا اور نوجوانوں کے فرینچ بل کی ہردلعزیزی کا زمانہ تھا وہ ریڈیو کے کسی کمرے یا کینٹین کی میزوں پر اپنی سبھا سجائے، سارتر، رانبو، بودلیر، موپاساں اور نئے عہد کی غزل اور افسانے کے عصری تقاضے اور نثری نظم میں اظہار کی قوت اور پینٹنگ کے جدید رجحانات پر اپنے کلام بے بدل سے نوجوانوں کو محصور رکھتے تھے اور کیونکہ اسیر اوقات ابھی آزاد تھا اور جدت کا طلبگار اس لیے وہ بھی اس ریوڑ میں شامل ہوا اور بہت دور تک چلا۔ یہاں تک کہ پینٹاگون کا عظیم الشان منصوبہ ایک بے داغ تباہی سے دوچار ہوا اور ہمارے مہربان کے رہبر کے کبوتر اپنی کابکوں سے پرواز کر گئے لیکن ہمارے دوست نے اس دوران نقار خانے میں کچی پکی آوازوں کا فرق جانا اور حنائی ہاتھوں کی حرارت اور گداز سے تعارف حاصل کیا۔ اسی عہد عالیشان میں ان کی آنکھوں میں وہ

خواب اترے جنہیں تعبیر نہ کر سکنے کا ملال آج بھی انہیں بے چین کر دیتا ہے اور پھر قومی بچت کے سرکاری ادارے کی افسری جسے ان کی دردمندی کھا گئی اور پھر وہی معلمی جسے انہوں نے ہمیشہ پوری دیانتداری اور شوق سے سرانجام کیا اور ادبی معرکے جن سے یہ نوجوان اور بوڑھے دانشوروں کی اولین ضرورت ٹھہرے اور پھر وی آئی پی، جس کے دفتر کی ٹوٹی ہوئی کرسی اور کسی اور کے ٹیلی فون اور واثق نعیم کے ساتھ بہت عرصے تک مشغول اور مصروف رہے لیکن شاعری کی دیوی ان سے روٹھ گئی اور یہ ادبی جلسوں اور صوت گاہوں سے کترانے لگے مگر مولانا نے ادب سے چھیڑ چھاڑ جاری رکھی۔ اب یہ ترجمے کر رہے تھے اور ہم اسپین کی شاعری اور ڈیونڈی کا شکار ہوئے لیکن جب وی آئی پی کا جہاز ڈولنے لگا تو مولانا ساحل پر کھڑے تھے۔ یہاں سے ان کی زندگی (جو دراصل ایک طویل خواب ہے) کا دوسرا حصہ شروع ہوتا ہے اور ہم نوجوان کو کاروبار کرنے کے لیے مچلتا دیکھتے ہیں۔ محترم کو گمان تھا کہ ان کے تخلیقی شعلہ، وسیع تعلقات، نیک نیتی اور بیک وقت بہت سے کام کرنے کی استعداد اور فن خطابت اور ایک سرمایہ دار جوان پر ایمان لے آئے۔ یہ سب مل کر کاروبار کی بنیاد بن سکتے ہیں اور پھر پتھر پیر (وارث فریدی) قیمتی پتھروں کو مٹی کرنے پر آمادہ ہو گئے اور یوں ایک اور کھیل ایک اور انجام، جس کے واقع ہونے میں خلاف امید دیر لگی اور درمیان میں وہ لڑکیاں جو اپنے ستاروں کی چال اور الجھنوں کا حل جاننے کے لیے انہیں دائرہ کیے رہتیں اور وہ دوست جو اپنے مسائل ان پر بوجھ کرتے اور کتابوں کی رونمائیاں اور دانشوران شہر کی نکتہ سنجیاں اور بھائی معصوم کی شاعری کی پی آر اوشپ اور پھر مولانا مالک سے ملازم ٹھہرے اور اوپر تلے بہت سی ملازمتیں اور پھر مصروفیات اتنی بڑھ گئیں کہ صوفی صاحب تصویروں کو رنگوں سے خالی چھوڑنے لگے لیکن آدمی کا سایہ بنی رہتی ہے جلد ہی انہیں چیزیں جوڑنے کا سلیقہ جلد ہی

انہیں چیزیں جوڑنے کا سلیقہ آگیا۔ شاید زندگی اسی جادوگری میں گزر جاتی کہ ناگاہ مشرق سے ہدایت اتری اور ان کا ماتھا سجدوں سے دمکنے لگا اب ایک استواری، شائستگی، دھیما پن اور محبت کہ ان کا تعارف بن گئی ہے اور ہمارے دوست کے راستوں کو سہل اور گلزار کر رہی ہے اور مولانا نامعلوم سے معلوم کے سفر کی توفیق پا کر سرگرم سفر ہیں اس سفر کی ابتدائی سرگرمی کے بعد اب ان میں ایک ٹھہراؤ سا آچلا ہے اور اب شعر اور لے، ساز اور گائیکی انہیں گرفت کرنے لگے ہیں۔ مجھے تردد یہ ہے کہ کہیں یہ ایک اور بڑی تبدیلی کے اشارے تو نہیں؟

***

رسیلے کٹیلے۔۔۔ احمد عمر شریف

"اے میاں، کنویں کے مینڈک! تم آخر ہو کس ہوا میں، شہر کے باہر تمہیں پوچھے گا کون؟ خاکے میں یہ سکت کہاں کہ لامکان ہو سکے۔ بھائی خاکہ دائرے میں بند تخلیق کا نام ہے۔" یہ احسن سلیم تھے جو خاکہ نگار کے یومِ مذمت میں بڑھ چڑھ کے بڑکیں لگا رہے تھے۔ ملامتی ڈوم خاکے سے بڑھ کر خاکہ نگار سے بدکے ہوئے تھے، اکھڑے ہوئے آہنگ میں فرمایا: "تمہارے کھاتے میں اپنے کتنے ہی ممدوحین کی اعصاب شکنی درج ہے۔ تم پہ لازم ہے کہ اپنی چال پر پہرے بٹھاؤ، ورنہ لفظ کی قیامت خیزی کسی دن تمہیں بھی تمام کر سکتی ہے۔" میرے محتسب کے کہے میں ایسا کچھ نیا پن نہیں تھا، جس کا جواب ضروری ہوتا۔ رہے احسن سلیم تو اُن کی جدّت طرازیوں پر کون بند باندھ سکتا ہے؟ وہ تو گیت کو بھی مردہ صنف قرار دے چکے ہیں۔ آدمی اگر اپنی مٹّی سے نامانوس ہو جائے تو اُس کے لڑکھڑانے پر حیرت کیسی؟ ایسی اونچ نیچ تو جھیلنی ہی پڑتی ہے۔ خاکہ نگار نے بے مزا ہوئے بغیر سوال اچھالا۔ آپ صاحبانِ دانش احمد عمر شریف کی گیت نگاری کے بارے میں کیا رائے رکھتے ہیں؟ سوال کے جواب میں لمحاتی سناٹا نہایت سنگین تھا۔ آخر فراست رضوی کو اپنے کلام کی شعبدے بازی کی سوجھی۔ " داس عمر ایک عظیم گیت نگار ہیں۔" عظمت کے اس اعتراف کے عقب میں ایک بے آواز تمسخرانہ قہقہہ اور بھینچے ہوئے ہونٹوں پر ایک مسکراتی لکیر کھینچی ہوئی تھی۔ احسن سلیم کو ناوقت ایک لطیفے کی سوجھی۔ ایک بچّہ جوش و خروش سے گھر والوں کو دوڑ میں اپنے اوّل آنے کی کہانی سنا رہا

تھا۔ بڑوں کی تفصیل طلبی پر چھوٹے نے بتایا کے وہ دوڑ کا واحد شریک تھا۔ گویا ملامتی اوّل کا پورا زور بچّے کی تنہا دوڑ پر تھا۔ ابہام کو دور کرنے کے لیے مکّاری از بس ضروری تھی۔ جواب میں اس لطیفے کا کارن؟ خاکہ نگار کی معصومیت دیدنی تھی۔

احسن سلیم نے مخصوص تمسخر سے سوال داغا۔ ''آج اور کون گیت لکھ رہا ہے؟'' فراست رضوی میں یہ یارا کب تھا کہ کوئی اور بازی لے جائے، ترنت گویا ہوئے: ''ہندوستان میں کوئی ڈھائی سو گیت نگار ہوں گے۔'' خاکہ نگار کا ذہن اچانک ایک جھپاکے کے ساتھ فلیش بیک میں چلا گیا۔

وہ دیکھ رہا تھا کہ کوئٹہ عنابی کے سامنے ایک لال موٹر آکر رکی۔ ونڈ اسکرین کے اُس پار دو چہرے جھلملائے۔ ایک طرف سے احسن سلیم اور دوسری طرف سے ایک سرخ وسفید بڑے ٹھسے کا گول مٹول اُترا۔ اجنبی نے اپنے بچے کُھچے بال اہتمام سے پیچھے کو الٹا رکھے تھے۔ وہ موٹر سے اتر کر جس آن بان سے چلتا ہوا چائے خانے کی میز تک آیا تھا، اس سے لگتا تھا کہ وہ اپنے ہر قدم سے کتنے ہی لوگوں کا اعتماد کچلنے کا حوصلہ رکھتا ہو۔ اُس کے اہتمامِ ملبوس سے ظاہر تھا کہ یہ آدمی اپنے شخصی کروفر کو بڑی تگ و دو سے تشکیل دینے کا عادی ہے۔ اس پکی عمر میں بھی اُس نے اپنے مہکتے دنوں کا کچا پن سنبھال رکھا تھا۔ وہ جس طور نشست پر ڈھ سا گیا تھا یہ انداز بتاتا تھا کہ یہ مردِ متمول نہایت تساہل پسند واقع ہوا ہے۔ اُس کی ذات میں ایک الگ قسم کی دلبری اور محبوبیت جیسے گندھی ہوئی تھیں۔ یہ آدمی اپنی اٹھان کے دنوں میں بڑا سواسیر رہا ہو گا۔ خاکہ نگار کا رشک کچھ بے جا نہیں تھا۔ ''یہ احمد عمر شریف ہیں، ایک بہت اچھے گیت نگار۔'' احسن سلیم نے مکھن سے لتھڑے لہجے میں رسم تعارف نمٹائی۔ یہ پہلی بات تھی جس نے خاکہ نگار میں اس آدمی

کے لیے دلچسپی کا سامان کیا۔ اِدھر احسن سلیم اپنی لن ترانیوں کا آغاز کر چکے تھے، اجنبی کے لیے احسن کے لہجے اور رویے کا احترام ثابت کر رہا تھا کہ میرا ممدوح انسانوں کو اُن کی جگہ پر رکھنے کا ہنر خوب جانتا ہے۔ احمد عمر شریف ٹھہرے ہوئے لہجے میں جس شائستگی سے گفتگو کر رہا تھا، اُس پر اُچکے ہوئے سلیقے کا گمان گزرتا تھا۔ جانے کیوں مجھے یاد آیا کہ آج کی تمام گفتگو میں احسن سلیم نے اب تک کسی کے پرزے نہیں اڑائے تھے۔ ہم سب کچھ دیر بیٹھے ادھر اُدھر کی ہانکتے رہے۔ عمر شریف سے اس پہلی ملاقات کا تاثّر کچھ اتنا شان دار نہیں رہا تھا، شاید پہلی نظر کے اندازے اس قدر موثر بھی نہیں ہوتے۔

پھر جانے ایسا کیا ہوا کہ رابطے کی یہ زنجیر دراز ہوتی چلی گئی۔ اس آدمی میں یقیناً کوئی اَن کہی تھی جو خاکہ نگار کو مسلسل اُسے کریدنے پر اکسا رہی تھی۔ اگر آدمی کسی کی کھوج میں جٹ جائے تو وہ اپنے ہدف کو پاتال میں سے بھی ڈھونڈ نکالتا ہے۔ خاکہ نگار کی نگاہ تو ایک ایسے گیت نگار پر تھی، جو سولہ سنگھار کیے اپنے تماشائی کا مشتاق پھرا کرتا ہے۔ اب کوئٹہ عنابی میں دو دیوانے اکثر کسی میز پر بیٹھے ایک دوسرے کو جانچتے تولتے نظر آتے۔

احمد عمر شریف ایک وجیہہ اور جامہ زیب آدمی ہے۔ جسے چوکنّی بے نیازی اور کچا پکا بڑا پن جیسے ہمہ وقت اپنے گھیرے میں لیے رہتے ہے۔ ٹونک کا یہ خان زادہ اپنے مزاج میں تیز سہی لیکن اُس کی زبان میں اپنے دیس کے خربوزوں ایسی مٹھاس ہے۔ وہ ماضی سے جڑی زندگی کا گرفتار دکھائی دیتا تھا۔ اُس کے کشادہ ماتھے پر دمکتی کسی دیرینہ چوٹ کے نشان کے نیچے آنکھوں کے راکھ ہوتے ہوئے رنگوں میں ایسا خمار تھا جو شراب کو پانی کیے بنا پیدا ہو ہی نہیں سکتا۔ کوئی آنکھ بیک وقت تین طرح کا تاثّر دینے پر قدرت نہیں رکھتی، لیکن گیت کے اس رنگ کار کی آنکھ نشیلی، بانکی اور بلا کی پینترے باز تھی۔ وہ لاکھ یاروں کا یار سہی لیکن اس نے نفرت میں محبت کی ملاوٹ کا فن سیکھ کر نہ دیا۔ مگر ایسا بھی نہیں کہ

اس کوتاہی نے اُسے یک و تنہا کر دیا ہو۔ وہ حسبِ ضرورت مسکرانا اور بد خیال لوگوں کو نمٹانا خوب جانتا ہے۔ من موجی خان ذاتی معاملات میں کمال کا بے پرواہ ہے، آج کے کام کو کل پر ٹالنا تو جانیے، اس آدمی کے بائیں ہاتھ کا کھیل ہے۔ شناخت عام کرنے کی للک اپنی جگہ، لیکن اس جتن میں بھی اگر اَنا آڑے آتی ہو تو خان کو اس خسارے سے بھی انکار نہیں۔ خاکہ نگار کو یہ وہم سا ہے جیسے یہ چھبیلا گیت کارستاروں کی چھنگلیا تھام کر راستا سمیٹنے کا عادی رہا ہو، اور شاید اسی کھانچے سے ناکامی اُس پر ڈورے ڈالنے کا بہانہ ڈھونڈ لیتی ہے۔ ہار جیت کے چتون اکثر آدمی کو کھوئے ہوؤں کے اشتیاق میں دربدر کر دیتے ہیں۔ کیا عجب کہ خان نے بھی کسی ویرانے میں کوئی گوشہ ڈھونڈ نکالا ہو۔ اُس کے گیتوں میں جا بجا اس بھید کا راستا چمکتا ہے، خان جس سطح کی باخبری میں ہے اُس کی برقراری اور بڑھاوے کے لیے بے خبری کا جتلاؤ گویا لازمی تقاضہ ہے۔

کوئٹہ عنابی پہ آن جان کا یہ میلہ اب کتنے ہی دن ہوئے کے جما ہوا ہے۔ آئے دن کی اس تکرار میں کبھی یوں بھی ہوتا ہے کہ گیتوں کی سجیلی نار بھی اِدھر کا راستا بھول بیٹھتی ہے اور چائے خانے کی میز پر اٹکھیلیاں کرتی، ناز نخرے دکھاتی نظر آتی ہے۔ مٹّی سے بندھے رہنے کے دیوانے پن نے خان کے گیتوں کو مٹّی کی مہکار سے گویا مشک بار کر دیا ہے۔

احمد عمر شریف کبھی بھی گیت خوانی کے اُتاولے پن میں سرپٹ نظر نہیں آیا۔ ایسا بھی نہیں کے انکار کا تکلف دکھاتا ہو۔ ہاں سماعت کا معتبر ہونا ضروری سمجھیے۔ خان کی بنت میں استقلال، احتیاط اور دھیما پن جیسے ایک لڑی کے موتی ہوں۔ آدمی میں یہ خُو اوندھی سیدھی گزارے بغیر پیدا نہیں ہوتی، وہ گفتگو میں ہر لفظ گویا ترازو کے پلڑے سے اتار کے بیان کرنے پر بھروسا رکھتا ہے۔ احمد عمر شریف نے جس حیلہ سازی سے خاکہ نگار کو اپنی ڈور میں کسا ہے۔ یہ مشاقی شطرنج کا اچھا شاطر ہوئے بنا آہی نہیں سکتی۔ خان کی بھولی بھالی

باتوں میں گھلی ہوش مندی دھیرے دھیرے خاکہ نگار ایسے اکھڑ کو بھی مزا دینے لگی تھی۔ رابطے کی جَھٹ پھیری احتیاط کے باوصف کتنے ہی پردے کھینچ پھینکتی ہے۔

احمد عمر شریف ایسے خوددار خان زادے کا سپوت ہے، جس کے لالو کھیت میں قائم کچے گھر میں بھوک مدتوں مہمان رہی۔ مہمان داری کی زندہ روایت نے اس گھر کے مقدّر کو جیسے اجال دیا۔ بڑے خان کے سجدوں کی برکت اور دعاؤں میں اثر انگیزی گویا برق رفتار ہو گئی۔ شکر گزاری اور راضی بہ رضا رہنے کی مشق نے اس طمانیت بھری زندگی کو ایسی روداد بنادیا جس میں کتنے ہی پہلو رشک کے لاکھ سامان رکھتے تھے۔ جناح کالج میں احمد عمر شریف اپنے ٹولے کا شاید سب سے زیادہ خستہ حال جوان تھا۔ یہاں اُس کا شخصی رعب داب اور ہیکڑی اُسے نمایاں رکھے ہوئے تھی۔ اپنی اٹھان کے ان دنوں میں چھوٹے خان نے ورثے میں ملی خودداری کا پرچم ہمیشہ سربلند رکھا۔ دراز قامت رکھنے والا یہ خوب رُو نوجوان پھٹی ہوئی جیب کے باوجود اپنی منڈلی کے اہم رکن کے مرتبے پر فائز رہا۔ دراصل لہو میں دوڑتی وفاکیشی اور سرکشی سے ممیز آدمی کسی بھی قسم کی صورت حال میں الگ سے اپنی پہچان بنالیتا ہے۔ چھوٹے خان کا دل ہمیشہ ماں کی دعاؤں اور دوستوں کی محبت سے خود کفیل رہتا۔ وہ اپنے سنگتیوں کے قدموں سے قدم ملائے، جناح کالج سے الحسن کافی ہاؤس چلا آیا تھا۔ اب زمین بھی بڑی حد تک اُس کا بوجھ سہارنے کی عادی ہو چلی تھی۔ احمد عمر شریف کو نصیر ترابی کے سنگت میں شاعری کا عارضہ لاحق ہو چکا تھا۔ جناح کالج کی کینٹین کے درودیوار اُس کی کچّی پکّی غزلیں ایک زمانے تک بھگتاتے رہے تھے، لیکن یہ نہیں کے اُس کا کہا صدا بہ صحرا ثابت ہوا ہو۔

وہاں ایک آدمی ایسا ضرور تھا جسے اُن کی غزلوں نے اپنا اسیر کر لیا تھا۔ وہ اُن کے مصرعے گنگناتا بلکہ عالمِ سرشاری میں باقاعدہ گایا کرتا تھا۔ الحسن کافی ہاؤس پہنچنے تک عمر

شریف کا مرض لا علاج ہو چکا تھا۔ یہ الگ بات کے غزل کے ساتھ احمد عمر شریف کی ہمرہی زندگی بھر کا سودا نہ بن سکی۔ اُس نے رات دن کی قطار میں گیت کی الہڑ اوڑھنی اپنا ملبوس کر لی۔ اس لباس میں خان کا جوبن کچھ ایسا نکھرا کے اُس نے اسے گویا جزوِ بدن بنا لیا اور پھر کرشن، عمر شریف کے من میں بانسری بجانے لگا۔ لیکن ٹھہریے! اس بیچ الحسن میں عمر شریف، نصیر کی منڈلی میں شامل نیر سوز، نگار صہبائی، اطہر نفیس اور کتنے ہی دوسرے سرپھروں کے ساتھ ریاضت کا کشٹ بھی کاٹتا رہا تھا۔ یہ ایک عجب درسگاہ تھی۔ یہاں یہ سب بڑے چاؤ اور اہتمام سے اکٹھے ہوتے اور بھانت بھانت کے ناموروں کے بکھیرے ہیرے موتی چنا کرتے۔ احمد عمر شریف کا نصیر ترابی سے معاملہ خاص سہی لیکن وہ آنکھ بچا کے نگار صہبائی کی دلبری بھی تاک جھانک لیا کرتا۔ شاید اسی آنکھ مچولی نے وہ راہ سجھائی جس پر چل کے عمر شریف، نگار صہبائی کی طرح گیت کا قتیل ٹھہرا۔ چاند سورج کی بھگدڑ میں جہاں بہت کچھ بھولا بسرا ہوا وہیں الحسن کافی ہاؤس میں بھی محض ایک کھٹی میٹھی یاد بن کے رہ گیا۔

وقت کی لپک جھپک کے باوجود خان کے من میں بانسری کی پرانی لے دھیمے سروں میں اپنی جگہ موجود تھی لیکن یہ پیٹ بڑا پاپی ہے۔ عمر شریف کو زندگی کاٹنے کے لیے ایک نئی قسم کی رنگ کاری پر مجبور ہونا پڑا اُس نے جمع تفریق کے وظیفے کے ساتھ سیڑھیاں چڑھنا شروع کیں پھر اچانک ہی اُس کی رفتار میں ایسی تیزی آئی کے وہ قلانچیں بھرتا دکھائی دینے لگا۔ اس سفر کے دوران اُس نے کتنی ہی اجنبی زمینوں پر مختلف رنگوں کی مٹّی کھنگالی۔ کئی نامانوس زبانوں کی شیرنی اُس کی سماعتوں میں اتری۔ وہ اپنی جھونک میں کتنی ہی پرائی زمینوں پر اپنا نقشِ قدم ثبت کرتا ہوا آگے ہی آگے بڑھتا رہا۔ سچ ہے کہ پہیہ جب ایک بار گھوم جائے تو پھر شاید ایسا کچھ بھی نہیں رہ جاتا، جس کا ارمان دل کو اتھل

پتھل کر دے۔ احمد عمر شریف جیسے وہ اسم جان گیا تھا جسے دہراتے ہی ہر دروازے کا وا ہو جانا جیسے لازم ہو جاتا ہے۔ کامیابیوں کی یہ کتھا بظاہر بے حد حسین سہی، لیکن یہ اسی قدر مہلک اور جان لیوا بھی ہے۔ اس جدوجہد نے احمد عمر شریف جیسے مضبوط اعصاب کے زیرک آدمی تک سے خون تھکوا دیا۔ خوش آئند امر یہ تھا کہ اس سفر کے دوران اُس کے قدم کہیں ڈگمگائے نہیں، ورنہ فتح مندی تو اچھے اچھوں کو بے تال کر دیتی ہے، ایسا ہونا شاید ممکن بھی نہیں تھا کیوں کہ یہ زوال سے کمال کی جانب ایک جست تھی، اصل میں سختی سہا ہوا آدمی نرمی بھی سہولت سے سہار جاتا ہے۔

دنیاداری کے اس ہیر پھیر میں جب کبھی بانسری کی لے تیزی پکڑتی تو عمر شریف سب کچھ چھوڑ چھاڑ کے کاغذ پر لفظ کاڑھنے بیٹھ جاتا، یہ گویا سر اور معنی کو یک جان کرنے کا مشغلہ تھا۔ شاید اسی لیے سریلے خان کے گیتوں میں آٹھواں سر اپنی جھلکیاں دکھاتا نظر آتا ہے۔ گیتوں کی یہ پھوار آئے دن کا سلسلہ نہیں تھا۔ اب عمر شریف کی فراغت تنگ ہو چکی تھی۔ اُس نے بہت مشقت سے اپنے اندر کے آسیب کو قابو کر لیا تھا۔ اب تو بانسری کی آواز بھی جیسے اُس کی ہاں میں ہاں ملانے لگی تھی۔

جب احمد عمر شریف خاکہ نگار سے معاملے میں آیا، اُس گھڑی تک وہ اپنے مقدّر کی کتنی ہی پتنگیں لوٹ چکا تھا، اب ایسا کچھ بھی نہیں رہا تھا جس کی طلب آدمی کو بے آرام کر سکتی ہو۔ مگر کیا کیجیے کہ آدمی میں شکر گزاری کا وصف، پھل کے رس کی طرح دھیرے دھیرے اپنا راستا بناتا ہے اور عمر شریف ٹھہرا ایک تخلیق کار۔ اُس کی تخلیقات ہر آن اُس سے اپنا حقِ شناخت طلب کرتیں، پھر خالق کو بھی کتاب لائے بغیر اپنے ہونے کا اطمینان کیونکر حاصل ہو؟ خان کو بھی اس مسئلے کی چیستاں نے ایک زمانے تک پریشاں کیے رکھا۔ اس دوران کئی بکھیڑے اور بھی تھے، ملازمت کی ہیرا پھیریاں، بچّوں کو بدیس

بھجوانے کے آنکڑے۔ اس دھما چوکڑی میں ترجیحات اپنا آگا پیچھا بدلتی رہیں، اس دوڑ بھاگ میں کتاب پسِ پشت جا پڑی تھی۔ ایک دن اس معمول کے اوزان اچانک بدل گئے۔ مالک کے ماتھے کی غرّاتی لکیروں نے عمر شریف کا دل مالکان اور ملازمت سے اچاٹ کر دیا۔ اُس نے لاکھ کی ڈھیری یوں ٹھکرا دی تھی جیسے وہ ٹکے کی ہانڈی ہو۔ یہ جرأت رندانہ ایسی نہیں تھی کہ بس یک لخت آموجود ہوئی ہو، اس کے اشارے کتنے ہی دن سے اپنے جلوے دکھا رہے تھے۔ عمر شریف ہوش مندی سے آتے دنوں کی پیش بندی کرتا رہا تھا۔ بیٹا ڈاکٹری پڑھنے ولایت پہنچ چکا تھا، منجھلا پرواز کے لیے پر سمیٹے بیٹھا تھا گھر میں آراستگی اور آسودگی کا دور دورہ تھا۔ عمر شریف نے گویا ٹٹول کے لیے ذاتی کاروبار کا آغاز کیا یہ میرے دوست کا معتبر اور مصروف رہنے کا نیا بہانہ تھا۔ اس سمے کے آتے آتے عمر شریف کی خاکہ نگار سے گاڑھی چھننے لگی تھی۔ فراغت نے ملاقاتوں کے ناغے بھی کم کر دیے، کوئٹہ عنابی میں اب خان کے گیت آئے دن اٹھلاتے، اپنی چھب دکھلاتے دکھائی دیتے۔

یہ وہ زمانہ تھا جب احمد عمر شریف اپنے بھیتر بجنے والی بانسری کی سر مستی میں گم رہنے لگا تھا۔ اُس کی گفتگو میں بابا بلھے شاہ، حضرت امیر خسرو اور اولیاء کرام کے تذکرے رہنے لگے تھے، پھر انگلیاں بھی مختلف نگینوں سے جگمگانے لگیں، ہاتھوں پیروں میں کڑے پڑ گئے۔ قلب کی ڈانواں ڈولی نے جیسے احمد عمر شریف پر آگہی کا کوئی نیا در کھول دیا تھا۔ اب وہ دنیا سے منہ پھیر کے رابطہ رکھنے کا چلن اختیار کر چکا تھا۔ اُس کے باطن سے پھوٹنے والی سچائی نے سوچی سمجھی بے نیازی کو بے اختیاری کے سپرد کر دیا۔ اس بدلے ہوئے آموختے کا تقاضہ تھا کہ وہ کاروبار سے ہاتھ اٹھا لے اور ایسا ہوا بھی دیکھتے ہی دیکھتے دفتر میں تالے پڑ گئے۔ اس بے کاری کے باوجود تشویش کا کوئی پہلو نہیں تھا کہ مرا ہاتھی بھی سوا

لاکھ کا ہوا کرتا ہے۔ عمر شریف کا کاروبار کیا تمام ہوا کہ جانیے اُس کا توروپ رنگ ہی بدل گیا۔ اُسے تو جیسے اپنے ارمان نکالنے کا موقع ہاتھ آ گیا تھا۔ کتنے ہی کام تھے جنھیں وہ طاق نسیاں کے سپرد کر کے بھلائے بیٹھا تھا۔ اب خواہشوں کی اک لنگار سر نکالے اُس کا منہ تکتی رہتی، لیکن اب عمر شریف حصولِ آرزو کے لیے ترکِ آرزو کا نکتہ جان چکا تھا وہ دامن جھٹک کے اپنے اصل اہداف کی جانب رواں دواں رہنے لگا۔ گیتوں کی گھما گھمی میں اُس کی کتاب اب پہلی ترجیح کا درجہ حاصل کر چکی تھی۔

ایک روز آلۂ سماعت پر عمر شریف نے جھلملاتی آواز میں "گیتا گیت" کی اشاعت کا مژدہ سنایا۔ گیتوں کے اس مجموعے کی جس طور پذیرائی ہوئی، وہ عمر شریف کا حق ہونے کے باوجود حیرت کی بات تھی۔ تخلیق سے عام بیزاری اور کالک پھرے ذوق کے اس دور میں ایک ادب پارے کا اعتراف اپنی جگہ نہایت اہم واقعہ تھا۔ عمر شریف کے گیتوں کی گونج ارضِ پاک سے انگلستان تک سنائی دی۔

اب اور کیا رہ گیا تھا جس کی احمد عمر شریف آرزو کر سکتا ہو؟ خاکہ نگار نے بشاشت سے سوچا۔۔۔ لیکن کہاں! طلب کی تو جیسے ایک لڑی بندھی ہے، ابھی ایک خواہش تکمیل نہیں پاتی کے دوسری سر اُٹھائے آموجود ہوتی ہے اور ہر طلب ایسی خود سر اور نٹ کھٹ کے جب تک اُسے پورا نہ کر دیا جائے آدمی کو چین نہیں پڑتا۔ اب عمر شریف دوسری کتاب کے پھیر میں پڑا ہوا ہے لیکن اب اس کے قلبِ ضعیف میں وہ پہلی ایسی بات کہاں؟ آدمی اپنی پہلی کوشش میں ہی اتنی جان مار دیتا ہے کہ دل ہار جائے، لیکن کسے معلوم کے یہ سفر آغاز کرنے سے پہلے کی تھکن ہو؟

خاکہ نگار کو اس بدلے ہوئے منظر نامے میں کئی چیزیں آڑی ترچھی نظر آتی ہیں، مگر ممکن ہے کہ اس ٹیڑھ میں ہی سیدھ چھپی ہو۔ اس میں بہر حال کوئی شک نہیں کے خان

اپنی پٹری بدل چکا ہے، اس سفر میں نکلنے والوں کی حیرت اُن کے ساتھیوں کے لیے بھی گم ہو جانے کے کئی سامان رکھتی ہے۔ خاکہ نگار کے لیے بھی یہی مناسب ہے کہ اس کم کو کافی جانے اور اپنی راہ پکڑے۔ کہیں ایسا نہ ہو کہ لفظ کی ہلاکت خیزی واقعی اُس کا کام تمام کردے

***

صاحب اسم۔۔۔ سراج منیر

کہتے ہیں کہ اگر کسی کوئلے کے اندر کی آگ باہر کی آگ سے زیادہ تیز ہو تو وہ کوئلہ راکھ نہیں ہوتا، ہیرا بن جاتا ہے۔ میں سوچتا ہوں کہ جس آدمی کے اندر ایک چراغ روشن ہو اور اس چراغ کی لو باہر کے جہنم سے زیادہ تیز ہو تو ایسے آدمی کا کیا بنتا ہوگا؟ ایسی صورت میں ضروری نہیں ہے کہ نتیجہ ہمیشہ ایک ہی سا برآمد ہو۔ یہ بھی ہو سکتا ہے کہ وہ آدمی ہیروں کی کان بن جائے اور یہ بھی عین ممکن ہے کہ محض ایک آنچ کی کسر اسی آدمی کو جھلسا کر رکھ دے۔ میرا خیال ہے کہ میں ایسے کم از کم دو افراد کو ضرور جانتا ہوں جن کی اندر کی آگ نے دہکا کر انہیں کندن بنا دیا لیکن اب وہ دونوں ہی ہمارے درمیان موجود نہیں ہیں۔ یہ بھی خالق بحر و بر کا عجیب رمز ہے کہ وہ ایسے نادار الوجود انسانوں کو زیادہ عرصہ بار جہاں اٹھانے کی مشقت سے محفوظ رکھتا ہے اور امنگوں اور آرزوؤں کو مسمار کر دینے والی آلودگیوں سے اٹی اس دنیا سے اٹھا لیتا ہے، سو سراج منیر اور سلیم احمد بھی ہمارے درمیان سے اٹھا لیے گئے۔ میں اپنے درمیان سے اٹھا لیے جانے والے ان دونوں بے مثال انسانوں کو "چراغ نیم شب" میں یکجا زندہ دیکھنے کے انوکھے تجربے سے گزرا اور یہ جانا کہ اسم انسان کو قرن ہا قرن تک زندہ رکھنے کی غیر معمولی صلاحیت رکھتا ہے۔ پھر مجھے خیال آیا کہ وہ لوگ جو اسیر اسم ہوں ان تک رسائی کا واحد ذریعہ بھی شاید یہی اسم ہوتا ہوگا۔ لیکن سوال یہ تھا کہ اس اسم تک پہنچنے کی صورت کیا ہو سکتی ہے؟ یہاں پہنچ کر جیسے میں ڈھہ سا گیا۔ اس سوال کا ٹیڑھا پن شاید مجھے ہلکان کر دیتا کہ ناگاہ مجھے

سراج منیر کی بولتی آنکھیں یاد آئیں جن سے اس نے برسوں، دوستوں اور دشمنوں کی روحوں تک شناوری حاصل کی اور سلیم احمد کی وہ بھیدوں بھری مسکراہٹ جس کے رمز آخر تک نہ کھل سکے اور مجھے جیسے قرار سا آگیا۔ میں چاہتا تو یہی ہوں کہ خود کو سراج منیر تک محدود رکھوں لیکن اپنے اس برادر عزیز سے تجدید ملاقات کا ذریعہ سلیم احمد کی کتاب بنی ہے اس لیے یہاں ان کا تذکرہ بھی ازبس ضروری ہے اور پھر کیا یہ ممکن ہے کہ کہیں سلیم احمد صاحب موجود ہوں اور میں انہیں نظر انداز کرتا ہوا گزرنے کی جسارت کر سکوں۔ وہ موجود ہیں اور اپنے خاص ڈھب سے مٹھی میں سگریٹ دابے گہرے گہرے کش لے رہے ہیں۔ ان کے بستر پر اجلی چادر بچھی ہے اور وہ پہلو میں گول تکیہ دابے کسی گہری سوچ میں گم آنکھیں موندے زبان میں ایک مبہم سی لکنت کے ساتھ شعر پڑھ رہے ہیں۔ وہیں ان کے دائیں جانب خوش قامت، نازک اندام سراج منیر بھی موجود ہیں جو گہرے اشتیاق اور استغراق کے ساتھ یہ فکر انگیز کلام سماعت کر رہا ہے۔ اس کی آنکھیں اور زبان بیک ساعت بولنے میں کمال رکھتی ہیں۔ سراج منیر کی یہ محویت اس بات کی دلیل ہے کہ وہ بولنے سے باز نہیں آئے گا۔ سلیم احمد ابھی اپنی شاعری تمام ہی کرتے ہیں کہ یہ پارہ صفت نوجوان بولنے کے لیے مچلنے لگتا ہے اور پھر ہم دیکھتے ہیں کہ وہ سلیم احمد کی شاعری اور شخصیت اور تنقید اور کسری انسان اور ان کی ذات میں جاری جنگ وجدل اور انسان اور آدمی اور محمد حسن عسکری اور رضا آراستہ اور ہومر، ایلیٹ اور ایزرا پاؤنڈ اور ان کی طویل نظم ''مشرق'' جو اسے جیمز جوائس کے نیم منظوم ناول کے قبیل کی چیز محسوس ہوتی ہے۔ اور سلیم احمد کی کتابوں پر اٹھنے والے تنازعات اور آخر میں مجدد الف ثانی (کہ وہ اس کی سب سے سچی محبت ہے) پر بے تکان بول رہا ہے۔ تعجب ہوتا ہے کہ سراج منیر نے اپنے اس ایک مضمون میں سلیم احمد جیسے پرت دار انسان کے مزاج،

میلانات، انداز فکر اور ان کے کام کے علاوہ ان کی شخصیت کے بہت بڑے حصے کو کس طور کمال مہارت سے سمیٹ لیا ہے لیکن نہیں اس میں تعجب کی کوئی بات نہیں ہے کہ سراج منیر ایسا ہی بے پناہ انسان تھا۔ ایک سلیم احمد ہی نہیں سراج منیر کے زیر قلم جو بھی آیا اسے اس نے اس کی بنیاد تک کھوج نکالا۔ سراج نے اپنی کتاب "کہانی کے رنگ" میں جس میں اس کی کہانیاں اور مضامین شامل ہیں، اپنے اس کمال کا بے مثال مظاہرہ کیا ہے۔ یہ غالباً سراج منیر کی زندگی کی آخری تحریر تھی جسے وہ مزید لکھنا چاہتا تھا۔ لیکن وقت۔۔۔ ظالم وقت نے طنابیں کھینچ لیں۔ سراج منیر نے تمام زندگی تین کام کرتے گزار دی۔ اس نے پڑھا، لکھا اور گفتگو کی۔ وہ بلا کا مکالمہ باز آدمی تھا۔ جب وہ ذرا سا آگے کو جھک کر میز پر کہنیاں ٹکائے تیز آواز میں محو کلام ہوتا تو اس کی انگلیاں اور آنکھیں اس کے ہونٹوں سے پوری طرح ہم آہنگ ہوا کرتیں وہ دورانِ گفتگو اچانک ایک لحظہ کو رک کر اپنے سحر گفتار میں گم سامعین پر گہری نظر ڈالتا اور پتلے پتلے ہونٹوں پر ایک خفیف سی مسکراہٹ چمکتی جیسے وہ ان لوگوں سے داد وصول کرنا چاہتا ہو۔ حالانکہ وہ محض ایک اطمینان بھری مسکراہٹ ہوتی کہ اس کا سب سے بڑا مسئلہ خود اپنا اطمینان تھا۔ ایک شخص جو کہ دوسروں کی تحریروں کو باریک بینی سے تجزیہ کر کے انہیں معیارات کے پیمانے پر ناپنے کا عادی ہو کیا وہ خود اپنے لکھے کا تجزیہ نہ کرتا ہوگا؟ پھر وہ اس امر سے بھی بخوبی آگاہ تھا کہ جس دشت کا سیاح وہ خود ہے وہاں ایک قدم کی لغزش خود اسے فنا کے گھاٹ اتار سکتی ہے۔ کراچی کے بعد لاہور میں اس کا سکہ چل رہا تھا لیکن اسے معلوم تھا کہ یہ سکہ اسی وقت تک رائج رکھا جا سکتا ہے جب تک یہ سکہ کھرا رہے گا۔ وہ جس ٹکسال کا مالک تھا اس پر پوری قدرت سے قابض رہنے کا واحد طریقہ یہی تھا کہ اسم کو اپنے اختیار میں لے لیا جائے اور ہم دیکھتے ہیں کہ ہمارے ممدوح نے اس کار محال کو کمال سہولت سے خود پر آسان کر لیا

تھا۔ میں سراج منیر سے دوستی کا دعویدار نہیں ہوں ہاں میرے اور سراج کے درمیان ایک گہری شناسائی کا رشتہ ہمیشہ استوار رہا۔ اس سے میرا یہ تعلق اس لمحے قائم ہو گیا تھا جب برسوں پہلے میں نے اسے پہلی بار دیکھا تھا۔ وہ نہایت ناآسودہ دن تھے۔ جنہیں ہماری ساری منڈلی اپنی بے پرواہی کے سہارے بے نیازی سے جھیل رہی تھی۔ ہم میں سے کسی کو ابھی یہ خیال نہ آیا تھا کہ زندگی سہل کرنے کا ایک طریقہ روزگار بھی ہوا کرتا ہے۔ جوانی تازہ تازہ وارد ہوئی تھی اور ہم سب بھی اس گمان میں مبتلا تھے کہ کچھ کرنے کے لیے ابھی بہت وقت پڑا ہے۔ دن قہوہ خانوں میں گزرتا اور رات کسی مشاعرے یا پھر سڑکوں پر آوارہ گردی کرتے بیت جاتی۔ یہ تقریباً روز ہی کا معمول تھا کہ ہمیں بستر اس وقت یاد آتا جب شیر فروش اپنی سائکلیں سنبھالے دودھ کی ترسیل کے لیے نکل رہے ہوتے۔ سڑکوں کے آوارہ کتے بھی جیسے ہمارے روزمرہ سے مانوس ہو چکے تھے کہ ہم بے کھٹکے ان کے قریب سے گزر جاتے اور وہ دم سادھے چپ چاپ پڑے رہتے۔ رات ڈھلنے تک گھر پہنچنا اور پھر آدھا دن چڑھنے تک بستر پر پڑے اینڈتے رہنا جیسے ہمارا نظام الاوقات بن چکا تھا۔ برسوں پرانا وہ دن مجھے آج بھی یاد ہے جب ہم سب حسب معمول "سلطانیہ ہوٹل" کے اوپری حصے میں منڈلی جمائے بیٹھے تھے۔ آج ثروت اپنی تازہ غزل لکھ کر لائے تھے جو سنی جا چکی تھی اور اس وقت احمد جاوید اپنے مخصوص ٹھہرے انداز میں الفاظ کو جما جما کر ثروت کی غزل کے محاسن پر روشنی ڈال رہے تھے۔ ثروت حسین کی آنکھیں جگمگ جگمگ کر رہی تھیں۔ منظر امام کے پتلے پتلے ہونٹوں پر شریر سی مسکراہٹ تھی اور میں۔۔۔ سو مجھے اس گفتگو سے زیادہ دلچسپی ساقی امروہوی کے پان کے کھوکھے میں تھی جو سلطانیہ ہوٹل سے ذرا فاصلے پر ہونے کے باوجود یہاں سے صاف نظر آ رہا تھا۔ میں اس کوشش میں تھا کہ مجھے موقع ملے اور میں نکل بھاگوں کہ یکایک سیاہ فرشتہ

(ہم ایوب خاور کو اسی نام سے یاد کرتے تھے) سیڑھیاں چڑھ کر اوپر آتا نظر آیا۔ اس کے ہونٹوں پر عجب پر اسرار سی مسکراہٹ تھی اور چہرے پر کچھ ایسا تاثر جیسے وہ ہمارے لیے کوئی عجیب و غریب تحفہ لایا ہو۔ اس کے عقب میں ایک اجنبی بھی تھا۔ ایک نحیف سا خوش قامت نوجوان جس کے کاندھے آگے کو جھکے ہوئے تھے اور پیٹھ میں ہلکا سا خم جیسے وہ تمام زندگی کوئی بوجھ اٹھائے پھرتا رہا ہو۔ اس کے ہاتھوں میں ایک کتاب اور خاکی رنگ کا لفافہ تھا جسے اس نے یوں سینے سے لگا رکھا تھا جیسے اسے اس میں موجود کسی قیمتی چیز کے چھن جانے یا گر پڑنے کا اندیشہ ہو۔ اس عام سے نوجوان کی شخصیت میں کوئی غیر معمولی بات تھی اتنی غیر معمولی کہ میں اپنی تمباکو کی طلب کو بھول کر اس کے مشاہدے پر مجبور ہو گیا۔ اس کے بڑے بڑے سوکھے ہوئے باریک بال اس کی کشادہ اور روشن پیشانی پر بکھرے ہوئے تھے اور گھنی بھنوؤں کے نیچے دو گہری روشن اور متحرک آنکھیں جن پر موٹے فریم کا چشمہ چڑھا ہوا تھا اور اندر کو دھنسے ہوئے گال اور چھوٹے چھوٹے ترتیب سے جڑے چمکدار دانت اور ان سے لپٹے ہوئے پتلے پتلے ہونٹ جن سے مسکراہٹ چپکی ہوئی تھی اور نوک دار ٹھوڑی جس پر ابھی دو چار بال ہی جگہ بنا پائے تھے۔ اور اجلی رنگت کا لمبوترا چہرہ اور پتلی سی لمبی گردن اور بیٹھا ہوا سینہ اور نحیف سے ہاتھ پیر اور پتلا دبلا بدن لیکن اس کے جسم سے ایک توانائی سی خارج ہوتی محسوس ہو رہی تھی۔ اور شخصیت میں بے پناہ اعتماد جیسے وہ کم عمری میں بھی کائنات کو زیر کرنے کا حوصلہ رکھتا ہو اور لباس کی جانب سے بے نیازی اور مزاج میں ایک بے فکرا پن۔ مجھے اس بکھری بکھری شخصیت کے مالک نوجوان میں ایک خاص قسم کی جاذبیت محسوس ہوئی۔ سلوٹوں سے بھری شرٹ اور ڈھیلے ڈھالے ہلکے رنگ کے پتلون میں ملبوس یہ نوجوان مجھے پہلی نظر میں ہی اچھا لگا۔ ایوب خاور اور اجنبی کی اچانک آمد سے ہماری محفل کی وہ بے تکلف فضا باقی نہیں رہی تھی

جو ہم سب ہی کو بے حد عزیز تھی۔ خاص طور سے ثروت حسین اس بے جا دخل اندازی سے خاصے مکدر نظر آرہے تھے کیوں کہ ابھی احمد جاوید نے ان کی غزل پر اپنی گفتگو مکمل نہیں کی تھی۔ منظر امام کے چہرے پر گوتم کی سی بے نیازی تھی جبکہ احمد جاوید تولنے والی نظروں سے اجنبی کا جائزہ لے رہے تھے۔ ایوب خاور نے سب کے چہروں کو معنی خیز نظروں سے ٹٹولتے ہوئے اپنی بھاری آواز میں ڈرامائی تاثر پیدا کرنے کی کوشش کرتے ہوئے الفاظ کو جما جما کر کہا۔ ”احمد جاوید ان سے ملو یہ سراج منیر ہیں، مشرقی پاکستان سے حال ہی میں کراچی آئے ہیں اور ادب پر گہری نظر رکھتے ہیں اور ہاں سراج! یہ ثروت حسین ہیں وہی شاعر جن کا میں نے تم سے تذکرہ کیا تھا۔“ پھر اس نے سراج کو منظر، شوکت اور مجھ سے سرسری انداز میں متعارف کرایا۔ میں نے محسوس کیا کہ سراج کا نام سن کر احمد جاوید چوکنے سے ہو گئے ہیں۔ ان کا نام کئی دنوں سے کراچی کے ادبی حلقوں میں گردش کر رہا تھا اور کہا جا رہا تھا کہ کراچی میں ایک اور نوجوان دانشور وارد ہو چکا ہے۔ ان کے مطالعے اور مکالمے کی بڑی دھوم تھی۔ ”ہاں۔ آیئے۔ آیئے“ جاوید نے محبت سے سراج اور ایوب خاور کا خیر مقدم کیا۔ سراج نے گہری نظروں سے جاوید کا جائزہ لیتے ہوئے ان سے ہاتھ ملایا۔ ثروت حسین سے مصافحہ کرتے ہوئے سراج نے زیادہ گرم جوشی دکھائی۔ ہم سے متعارف ہوتے ہوئے اس کا انداز بہت سرسری سا تھا۔ ”احمد جاوید صاحب آپ سے ملنے کا بڑا اشتیاق تھا۔ آپ کا بڑا شہرہ سنا ہے“ سراج نے معنی خیز انداز میں مسکراتے ہوئے اپنی سیٹی کی سی تیز آواز میں کہا۔ جاوید سنبھل کر بیٹھ گئے تھے ان کی آنکھوں میں وہی چمک تھی جو مشکل حریف کو دیکھ کر کسی چیتے کی آنکھ میں ہوتی ہو گی۔ اب سراج، ثروت سے مخاطب تھا۔ ”اور ثروت صاحب آپ کیسے ہیں۔ بھئی آپ تو کمال کے شاعر ہیں۔ میں نے یہاں آپ کے بعض اشعار سنے اور کچھ غزلیں ادبی پرچوں میں

پڑھیں۔ آپ کے لہجے کی شعلگی اور غنائیت نے مجھے بڑا لطف دیا پھر آپ کا کرافٹ اور انواولمنٹ بھی حیران کن ہے اس کے علاوہ۔۔" سراج منیر نے شاعری کے حوالے سے ثروت پر ایک بھرپور تقریر کرڈالی۔ اس گفتگو سے سراج منیر کا گہرا مطالعہ ظاہر تھا۔ اس نے اپنی بات کی وضاحت کے لیے غالب، میر، ایلیٹ، بودلے ئر، اقبال، شاہ ولی اللہ اور کتنے ہی مشاہیر کو حوالہ بنایا۔ احمد جاوید نہایت رسانیت اور توجہ سے ان کی گفتگو سن رہے تھے اور پھر جب ایک موقعے پر وہ شاہ ولی اللہ کے حوالے سے گفتگو کرتے ہوئے کہیں اٹکے تو احمد جاوید نے وہیں سے گفتگو اچک لی۔ اب احمد جاوید بول رہے تھے اور سراج منیر کے سننے کی باری تھی۔ احمد جاوید کی گفتگو جیسے جیسے آگے بڑھ رہی تھی سراج کے چہرے کا تناؤ کم ہوتا جارہا تھااور پھر وہ موقع بھی آیاجب یہ دونوں ہی ایک دوسرے کو تسلیم کر چکے تھے اور ادبی موضوعات پر دو باخبر دوستوں کی طرح تبادلہ خیال کر رہے تھے۔ جب ماحول کو سازگار دیکھ کر میں پان لینے کے لیے اٹھاتو سراج منیر نے مسکراتی نظروں سے مجھے دیکھتے ہوئے سوال کیا"پان لینے جارہے ہو؟" میں نے اثبات میں سر ہلایاتو بولا۔"میں شہزادی انصاف کھاتا ہوں میرے لیے بھی پان لیتے آنا۔""شہزادی انصاف۔" میں نے گویا تائید چاہی۔"ہاں ملک میں نہ انصاف ملتاہے نہ شہزادی مل سکتی ہے، اس لیے، اپنا غم غلط کرنے کو میں انہیں پان میں کھالیا کرتا ہوں۔"اس کے بعد سراج منیر سے اکثر ملاقاتیں رہنے لگیں لیکن تھوڑے ہی دن بعد اس کی مصروفیات میں یکایک اضافہ ہو گیا اور اب اس کا ہم سے ملاقات کے لیے آنا تقریباً مفقود ہو گیا۔ لیکن جب کبھی ہمیں اس کے کسی ادبی معرکے کے سر کرنے کی خبر ملتی تو ہم اسے اپنی کامیابی خیال کر کے بے حد خوش ہوا کرتے۔ کبھی کبھار سراج سے کسی ادبی نشست میں بھی ملاقات ہو جایا کرتی۔ اب شہر کی ادبی محافل میں اس کے نام کی نوبت بج رہی تھی۔ پھر ہم

نے سنا کہ سراج منیر "مسکن عزیز" جانے لگا ہے اور سلیم احمد صاحب اسے دوسرے تمام نوجوانوں سے زیادہ عزیز جانتے ہیں اور اس سے مکالمہ کر کے خوش ہوتے ہیں۔ سراج منیر کی ملاقاتیں تو قمر جمیل صاحب سے بھی تھیں لیکن اس کا دل سلیم بھائی کی محفل میں ہی لگتا تھا کیوں کہ ان کا فلسفہ زندگی، سوچ اور شخصیت اس کے مزاج کے لیے زیادہ کشش رکھتی تھی۔ سراج منیر کا تعلق ایک دین دار گھرانے سے تھا۔ اس کے والد مولانا متین ہاشمی مشرقی پاکستان کے جید علما میں شمار ہوتے ہیں۔ اسلامی تعلیمات اور بزرگان دین سے محبت تو جیسے اسے گھٹی میں پلائی گئی تھیں۔ اس کے والد صاحب قدم قدم پر اس کی رہنمائی اور ہمت افزائی کے لیے موجود تھے۔ گھر کی اسی فضا نے سراج منیر کی ذات میں دین کا گہرا شعور رچا بسا دیا تھا۔ وہ اردو ادب کی کلاسیکی اور جدید شاعری کے تمام اسالیب اور نثر کے فن پاروں پر پوری گرفت اور نظر رکھتا تھا۔ جب وہ محو کلام ہوتا تو جیسے لفظ و معنی کا ایک دھارا سا پھوٹ نکلتا ایسے موقعوں پر اکثر اقبال، غالب اور بابا بلھے شاہ کے علاوہ کانٹ، رسل، ہومر اور دانتے اس کی گفتگو کا حوالہ بنتے اور مجدد الف ثانی کے تذکرے کے بغیر تو جیسے اس کی بات ہی مکمل نہیں ہوتی تھی۔ سراج منیر نے چند افسانے بھی تحریر کیے جو اس کی کتاب "کہانی کے رنگ" میں شامل ہیں لیکن اس کا اصل میدان تنقید ہی تھا۔ اس کی ذات میں ایک بڑا آدمی بننے کے تمام امکانات موجود تھے اور سراج کی شخصیت کے اس بڑے پن نے لاہور میں اپنا اظہار بھی پایا جہاں وہ کراچی سے ترک سکونت کر کے جا بسا تھا۔ سراج منیر ہمیشہ سے مکالمے کا شوقین رہا تھا اور لاہور میں لوگوں کے پاس مکالمے کے لیے وقت بھی تھا اور وہ اس کے خواہش مند بھی رہا کرتے تھے۔ اس وقت سراج منیر لاہور میں رچ بس چکا تھا جب مجھے اور منظر امام کو لاہور جانے کا موقع ملا۔ وہاں جاتے ہی میں اور منظر "دائیں اور بائیں" یا یوں کہیے کہ سرخ اور سبز میں بدل گئے

مجھے فہیم جوزی، نسرین انجم بھٹی، شائستہ حبیب اور زبیر رانا کی سنگت راس آئی اور اس حوالے سے مجھے ایک سرخے کی حیثیت سے شمار کیا گیا جبکہ منظر امام، سراج منیر کی تحویل میں آ بیٹھے اور دائیں والے کہلائے لیکن یہ صرف دن بھر کا معاملہ ہوتا، شام ڈھلے میں بھی سراج منیر اینڈ کمپنی کی تلاش میں نکل کھڑا ہوتا اور انہیں کہیں نہ کہیں سے ڈھونڈ نکالتا۔ میں نے لاہور میں قیام کے دوران بڑے بڑے جغادریوں کو سراج منیر کے مقابلے کے لیے میدان میں اترتے اور پھر ان کا پتا پانی ہوتے دیکھا۔ میں دیکھتا کہ سراج منیر ایک مشکل سوال قائم کرتا اور جب سب کی زبانیں گنگ دیکھتا تو خود ہی اپنے سوال کا جواب دینے بیٹھ جاتا۔ کبھی کبھی یہ مکالمہ اتنا دلچسپ اور محو کر دینے والا ہوتا کہ ہم سب ہی کھانا تک منگوانا بھول جاتے اور جب بیرے کرسیاں میزوں پر الٹنے لگتے تو ہمیں کاؤنٹر پر جا کر کھانا فراہم کرنے کے لیے باقاعدہ خوشامد کرنی پڑتی۔ اس زمانے میں سراج منیر نے ایک عجب چلن اختیار کر رکھا تھا۔ وہ تنقیدی نشست میں کسی بھی تخلیق پر گفتگو شروع کر دیا کرتا اور پھر اپنے ذمہ دار اور مدلل دلائل کے ذریعے اس تخلیق کو پورے یقین سے رد کر دیتا اور جب وہ دیکھتا کہ سب اس کی ہاں میں ہاں ملانے لگے ہیں اور تخلیق کا خالق تقریباً روہانسا ہو چلا ہے تو اچانک یہ کہتے ہوئے کہ یہ تو وہ نکات تھے جو اس تخلیق کے خلاف بیان کیے جا سکتے تھے اپنی گفتگو کا رخ یکسر بدل لیتا اور پھر اس تخلیق کی موافقت میں شد و مد سے تقریر شروع کر دیتا۔ یہ گفتگو اس درجہ جامع اور وقیع ہوتی کہ وہی لوگ جو سراج کے دلائل سے متاثر ہو کر اس تخلیق کو فضول گردان چکے ہوتے اب اپنی رائے بدل لیتے اور انہیں بھی یہ تخلیق بیش بہا امکانات اور خوبیوں سے مرصع محسوس ہونے لگتی۔ بہ ظاہر یہ سراج کا ایک سفاکانہ کھیل ہوتا لیکن اس طرح وہ بہت سے لاہوریوں کو جتا دیا کرتا کہ علم ہی سب سے بڑی طاقت ہے۔ مجھے یاد ہے کہ لاہور میں قیام کے دوران میں نے کتنی ہی

شامیں اس کے مضمون سنتے اور دیکھتے گزار دیں۔ وہ ہر روز ایک نیا مضمون لکھ لاتا۔ ان میں سے اکثر مضامین نہایت طویل ہوا کرتے۔ ہم سب اس کے انتظار میں پاک ٹی ہاؤس میں جمع ہوتے اور ابھی چائے بھی ختم نہ کر پاتے کہ وہ وہاں آ دھمکتا۔ وہی بکھرے ہوئے بال، سادہ سا لباس اور ہاتھوں میں خاکی لفافہ۔ وہ مسکراتا ہوا اندر داخل ہوتا اور میرے عزیز کا نعرہ لگاتے ہوئے ہم سے فرداً فرداً مصافحہ کرتا لیکن ہمیشہ اسے ایک بے چینی اور عجلت سی ہوتی۔ وہ فوراً ہی ہم سب کو لے کر وہاں سے اٹھ جاتا اور ہم مال روڈ پار کر کے وہاں کی ایک بغلی گلی کے ایک کافی ہاؤس میں جا بیٹھتے۔ اس کے بعد وہی روز کا معمول وہ کچھ دیر بڑی بے رغبتی سے ادھر ادھر کی ایک آدھ بات کرتا اور پھر اپنے تھیلے سے جسے میں زنبیل کہا کرتا تھا، کاغذوں کا ایک پلندہ نکالتا پھر ہم میں سے کسی ایک کو مخاطب کر کے گرم جوشی سے کہتا۔ "لو یار یہ مضمون سنو آج ہی لکھا ہے"۔ اس کی آنکھیں روشنی سے بھری ہوتیں، کشادہ ماتھے پر سوچ کی لکیروں کا جال ہوتا اور چہرہ مارے جوش کے تمتما رہا ہوتا۔ ہر لفظ کے ساتھ اس کی آواز بلند سے بلند تر ہوتی جاتی اور وہ دنیا و مافیہا سے بے خبر اپنا مضمون پڑھنے میں جتا رہتا اور ہم جو اس کے مستقل سامعین تھے ان جادوئی لفظوں کے سحر سے آہستہ آہستہ ارد گرد کو فراموش کر کے جیسے اس میں تحلیل ہو جایا کرتے اور پھر وہاں ایک آواز ہوتی جو پورے ہال میں گونج رہی ہوتی اور کچھ کان جو اس آواز کو سن رہے ہوتے۔ سراج منیر نے اپنی زندگی کا آخری حصہ سیاست میں رہ کر گزارا۔ وہ ایک گہرے سیاسی شعور کا مالک تھا اور اس کی خواہش تھی کہ ملک میں ایک پاک صاف معاشرے کے قیام کے لیے کی جانے والی کوششوں میں اپنے حصے کا کام کر سکے۔ وہ جس کسی کو اس مقصد کے لیے کام کرتا دیکھتا اس کی مدد کے لیے بے لوث اور بے خوف ہو کر رات دن ایک کر دیتا۔ سیاست میں آنے کے بعد اونچے ایوانوں میں ہمیشہ اس کا بہت اثر و

رسوخ رہا۔ ہم دیکھتے ہیں کہ سابق صدر ضیاء الحق سے لے کر وزیر اعظم نواز شریف تک اس کے دانشمندانہ مشوروں کے محتاج رہے۔ لیکن وہ اتنا بے نیاز آدمی تھا کہ اس کا کوئی بدترین مخالف بھی یہ نہیں کہہ سکتا کہ اس نے اپنی سیاسی حیثیت سے فائدہ اٹھا کر کبھی معمولی سا مالی مفاد بھی حاصل کیا تھا۔ سراج منیر زندگی کے آخری سانس تک پڑھتا اور لکھتا رہا۔ یہ اسم سے اس کے تعلق خاص کا ثبوت ہے کہ اس نے جو لکھا وہ تسلیم کیا گیا جو کہہ دیا وہ معتبر گواہی بن گیا۔ بقول ڈاکٹر طاہر مسعود ''سراج منیر کا دل بے حد حسین تھا، اس تک پہنچنے کے لیے موت نے بھی یہی راستہ منتخب کیا۔'' لیکن موت اپنی کوشش میں کامیاب نہ ہو سکی کیوں کہ سراج منیر تو آج بھی ان الفاظ میں زندہ ہے جو کبھی اس نے تحریر کیے تھے اور جب تک کتابیں زندہ ہیں سراج منیر کو موت نہیں آسکتی۔ کسی صاحب اسم کا اس سے بڑا اعجاز اور کیا ہو گا کہ اسے اسم کو زندہ کر دینے کا ہنر آتا ہو۔

***

پچکا ہوا پٹھان۔۔۔ امتیاز ساغر

لگتا ہے یہی وہ ایک لمحہ ہوتا ہے جس کے لیے امتیاز ساغر نے یہ تمام جتن کیے تھے۔ صاحب خانہ کو مشاعرہ منعقد کرانے پر رضامند کرنا، شعراء سے مشاعرے میں شرکت کے لیے رابطے، اخباروں میں خبروں کی ترسیل اور ایسے ہی دوسرے بہت سے چھوٹے موٹے کام، مشاعرے بازی امتیاز ساغر کا پرانا شوق ہے وہ ان محفلوں کو اپنی ایک مقدس معاشرتی روایت قرار دیتا ہے۔ شاعری کا عمدہ ذوق رکھنے کے باوجود مشاعرے کی نظامت کے دوران اس کی آنکھوں کی چمک کچھ اور بڑھ جاتی ہے اور پھر ہونٹوں پر سگریٹ کا دھواں اور ایک بھید بھری مسکراہٹ جیسے دریا میں ہلکی ہوا سے تیرتی ہوئی لہریں، کسی مشاعرے کے لیے شاعروں کی فہرست ترتیب دیتے ہوئے امتیاز کا اس کے دوستوں کے سلسلے میں تعصب ظاہر ہونے لگتا ہے اور مضافاتی استادوں کے ماتھے پر بل گہرے ہونے لگتے ہیں لیکن امتیاز ساغر کو اس کی کیا پرواہ وہ تو سارا کھیل سجاتا ہی اس تماشے کے لیے ہے۔ دشمنوں کو امتیاز ساغر کی ٹھوکروں کے علاوہ کہیں اور جگہ نہیں ملتی لیکن دوستوں کے لیے امتیاز ساغر کے دل کے دروازے ہمیشہ وا رہتے ہیں جنہیں وہ شاعر گردانتا ہے ان کے لیے اس کا سینہ محبت سے معمور رہتا ہے۔ وہ خالد علیگ ہوں یا محسن بھوپالی، حمایت علی شاعر ہوں یا شبنم رومانی اس کے دل میں ان کے احترام میں بال برابر بھی فرق نہیں آتا۔ امتیاز ساغر کو دنیا کے صرف دو ہی کام آتے ہیں شاعری یا نوٹ گننا۔ شاعری نے اسے ممتاز کیا اور نوٹوں کی گنتی نے انگلیاں فگار کر دیں ہیں۔ امتیاز ساغر سقوط ڈھاکہ کے

دکھ جھیلتا ہوا نومبر 1972ء کو کراچی پہنچا۔ پتھروں اور روشنی کے شہر کراچی تک پہنچنے کے لیے وہ کھٹمنڈو کے حسین شہر سے گزرا جہاں اس نے ایک ہوٹل میں اردو کے پہلے مشاعرے کی طرح ڈالی۔ امتیاز 1973ء میں ڈرگ روڈ کے ایک مشاعرے میں مجھے نظر آیا اور پھر ملاقاتوں کا سلسلہ چل نکلا میں اسے اس وقت سے جانتا ہوں جب ابھی اس کی ملاقات وقار صدیقی مرحوم سے نہیں ہوئی تھی۔ اکثر شام گئے جب یہ اپنی چھٹپٹی پر دفتر سے لوٹتا تو میں اور وہ چائے خانے میں مل بیٹھتے اور پھر رات گئے تک ہوٹل کی مکھیاں بھنکتی میز پر مصرعے چہل قدمی کرتے رہتے۔ یہ ان دنوں کی بات ہے جب ابھی شاعری کی دیوی امتیاز ساغر پر مہربان اور مجھ سے روٹھی نہیں تھی۔ یہ پانی کے دیس سے تازہ تازہ جلاوطن کیا گیا تھا اور بنگال کے پانی کا اشتعال پوری قوت سے اس میں چیختا چنگھاڑتا نظر آتا تھا۔ ان دنوں امتیاز ساغر سے میری ملاقات کے دو کارن تھے ایک تو یہ کہ اس میں اس وقت بھی اچھے شعر کو پرکھنے کا سلیقہ موجود تھا اور دوسرے یہ کہ اس کی جیب میں اتنی رقم ہوا کرتی تھی کہ ہم چائے کا بل ادا کر سکیں۔ ان دنوں امتیاز ساغر کی شاعری کے بارے میں میری رائے کچھ بہت اچھی نہ تھی ہاں کبھی کوئی مصرع یا شعر جیسے کوڑا مارتا ہوا گزر جاتا جیسے اندھیرے میں جگنو، لیکن آدمی روشنی میں گھرا ہوا ہو تو جگنو کی چمک آنکھوں کو خیرہ نہیں کرتی۔ پھر نہ جانے کیا ہوا کہ امتیاز ساغر اچانک جیسے کہیں کھو گیا۔ مجھ میں تلاش کا حوصلہ ذرا کم ہے اور یوں بھی میں تعلق کو ملاقات کے پیمانے سے نہیں ناپتا۔ مجھے کچھ دن امتیاز ساغر کی مفقود الخبری نے پریشان رکھا لیکن پھر چاروں طرف بکھری مقناطیسی لہروں نے مجھے اپنی آغوش میں بھر لیا۔ احمد جاوید، سراج منیر مرحوم، ثروت حسین، منظر امام اور شوکت عابد ان دنوں شہر کے بقراط مانے جاتے تھے اور میں کہ بیچارا اچھا سامع تھا ان کے گرداب میں پھنسا ہوا تھا۔ ان نوجوان دانشوروں کی تقاریر اور قمر جمیل کا فاضلانہ

مکالمات نے آہستہ آہستہ مجھ سے شعر کہنے کا حوصلہ چھین لیا۔ میرے سامنے شاعری کی ایسی اعلیٰ وارفع تعریفیں پیش کی گئیں کہ مجھے میر و غالب کی شاعری بھی ہیچ نظر آنے لگی۔ ایسے میں امتیاز ساغر کے اشعار کو میں کیا خاطر میں لاتا لیکن سچائی اپنی دلیل آپ ہوتی ہے۔ مجھ پر سے رفتہ رفتہ "مکالمات جمیل" کا سحر ٹوٹ گیا اور میں پھر سے شعر کو پہچاننے کے قابل ہو گیا۔ اس زمانے میں ساقی امروہوی کا کھو کھا شہر میں میری واحد ذہنی پناہ گاہ تھا یہاں کوئی دوست کبھی کبھار امتیاز ساغر کا تذکرہ بھی کر دیا کرتا۔ ساقی امروہوی خود نہایت عمدہ شاعر ہیں لیکن دوسرے شعرا خصوصاً نوجوان شاعروں کے بارے میں ان کا رویہ خاصا سخت ہے یوں بھی امتیاز ساغر کا چراغ تو ابھی حال ہی میں روشن ہوا تھا۔ مجھے یاد نہیں کہ امتیاز سے بچھڑنے کے بعد اس کی شاعری کی خوشبو مجھ تک پہلے پہنچی یا وہ خود لیکن بہر حال ہم ایک بار پھر باہم آملے تھے۔ وقار صدیقی مرحوم کی کہنہ مشقی اور امتیاز ساغر کے جذبے کی سچائی نے ننھے دیئے روشن کرنا شروع کر دیئے تھے۔ اب مجھے امتیاز ساغر کے تازہ اشعار کا انتظار رہنے لگا تھا لیکن امتیاز ساغر کی شاعری محض وہ چنگاریاں تھیں جو شعلہ بھڑکنے سے پہلے فضا کو منور کرتی ہیں۔ امتیاز ساغر نے بھی مجھ میں نہ جانے کیا دیکھ لیا تھا کہ ڈھونڈ ڈھونڈ کر اپنے شعر سناتا اور میری ذرا سی تعریف پر نہال ہو جایا کرتا حالانکہ میں ایک گوشہ گیر، گمنام اور غیر اہم آدمی تھا۔ امتیاز ساغر نے شاید میرے اندر چھپے شاعری کے اس تماش بین کو پہچان لیا تھا جس کا شاعری کی چھب دکھاتی دیوی سے ایک ربط خاص ہوا کرتا ہے۔ شاعری ہر کسی پر مہربان نہیں ہوتی لیکن ایسی طوائف کی طرح کہ جو اگر اپنے محبوب کے سامنے محو رقص ہو تو اپنے گھنگھرو توڑ لیتی ہے مجھ پر شاعری اپنے جوہر کا انکشاف ضرور کر دیتی ہے۔ امتیاز ساغر کے مصرعے اور شعر مجھے گرفت کرنے لگے تھے، اس کے اندر ایک ننھا منا سورج طلوع ہو چکا تھا۔ اچانک وہ ایک بار پھر مجھ سے بچھڑ

گیا۔ امتیاز ساغر کا یوں اچانک بار بار لاپتہ ہو جانا صحرا میں بھٹک جانے والی بات نہ تھی بلکہ یہ گیان دھیان کے لیے جنگل میں نکل جانے کا قصہ تھا۔ امتیاز ساغر جب بھی مجھ سے بچھڑ کر دوبارہ ملا میں نے اسے پہلے سے زیادہ توانا اور طاقت ور محسوس کیا۔ پچکا ہوا یہ پٹھان جب شعر پڑھتا ہے تو اچانک جیسے اس کا قد بڑھنے لگتا ہے اور دیکھتے ہی دیکھتے بہت سے "دراز قامت" اس کے سامنے بونے محسوس ہونے لگتے ہیں۔ مجھے حیرت ہوتی ہے کہ سنگلاخ چٹانوں سا مزاج رکھنے والا یہ بندہ جب شعر لکھتا ہے تو اس کے لہجے میں یہ حلاوت، گہرائی اور سچائی کہاں سے امڈ آتی ہے سچ ہے کہ انسان سے بڑی کوئی پہیلی نہیں اور اسے دریافت کرنے کی کوشش کرنا جوئے شیر نکالنے سے بڑا کام ہے۔ امتیاز ساغر میرا دوست ہے آج جب اس پر یہ چند الفاظ لکھنے بیٹھا ہوں تو میرے اندر ایک عجیب گھمسان کا ران پڑا ہوا ہے مجھ پر امتیاز ساغر کی شخصیت کے اتنے پہلو ظاہر ہو چکے ہیں کہ سمجھ میں نہیں آتا کہ اس کی شخصیت کے کس رخ کا اس تحریر میں احاطہ کیا جائے اور کون سی بات نظر انداز کر دی جائے۔ دن رات ہندسوں کا کاروبار کرنے والا یہ شخص جس عمدگی سے اپنے جذبوں کے اظہار پر قادر ہے وہ ایک الگ کہانی ہے۔ عام طور پر شعرا حضرات کو الزام دیا جاتا ہے کہ وہ سہل پسند بلکہ بڑی حد تک کاہل ہوتے ہیں لیکن امتیاز ساغر کے سلسلے میں معاملہ بالکل الٹ ہے۔ وہ صبح دم بیدار ہونے سے رات گئے تک کسی نہ کسی کام میں لگا رہتا ہے اور اپنی اس مصروف زندگی کے باوجود شاعری سے پورا پورا انصاف کرتا ہے مجھے اس سے ایسی کوئی ملاقات یاد نہیں جس میں اس نے مجھے اپنی کوئی تازہ نظم یا غزل نہ سنائی ہو اور مزے کی بات یہ ہے کہ ہر نئی ملاقات میں مجھے اس کی شاعری کا رنگ زیادہ توانا اور چوکھا محسوس ہوتا ہے۔ میں بلاشبہ امتیاز ساغر سے محبت کرتا ہوں لیکن جب بات شاعری کی ہو تو میرے لیے کوئی تعلق کوئی رشتہ اہم نہیں رہتا کہ بہر حال شعر کے سلسلے میں خیانت کو

میں اقدام قتل سے زیادہ بڑا جرم سمجھتا ہوں۔ شاعری میں امتیاز ساغر کا سلیقہ کبھی کبھی مجھے احساس کمتری میں مبتلا کر دیتا ہے، اچھا شعر لکھ دینا کوئی تعجب کی بات نہیں بڑا کام یہ ہے کہ آدمی ایک تواتر سے اپنے کام میں اس اعلیٰ معیار کو بر قرار رکھ سکتا ہو۔ جن لوگوں نے امتیاز ساغر کے شعر سن رکھے ہیں یا اب جو اس کی شاعری پڑھیں گے، انہیں میری اس بات پر ایمان لانا ہو گا کہ مملکت شعر میں ایک نیا شہزادہ فتح کا نقارہ بجا چکا ہے لیکن امتیاز ساغر کو یہ نہیں بھولنا چاہئیے کہ یہ اس کی پہلی کامیابی ہے اور کامیابی بذات خود ایک بڑی سفاک چیز ہے یہ ایسا ہی ہے جیسے آدمی خود اپنے لگائے دام میں پاؤں پھنسا بیٹھے اب اگر اس نے اچھے شعر لکھ کر اپنے دوستوں کی عادت بگاڑ ہی دی ہے تو اسے آئندہ بھی اپنے اس معیار کو بر قرار رکھنا ہو گا ورنہ۔۔۔ مجھے افسوس ہے کہ میں اپنی اس تحریر میں امتیاز ساغر کے اشعار کا حوالہ نہیں دے سکا ہوں بات دراصل یہ ہے کہ یہ تحریر امتیاز ساغر کی شاعری پر نہیں بلکہ اس شخصیت پر لکھی گئی ہے اور دوسری بات یہ ہے کہ جس طرح لوگوں کے چہرے مختلف ہوتے ہیں اس طرح ہر فرد شعر سے اپنے ذاتی معنی اور لطف کشید کرتا ہے اور میں کہ انسان کی آزادی پر کامل یقین رکھتا ہوں اس لیے میں لوگوں کے ان کے اس حق سے محروم رکھنے کا کوئی ارادہ نہیں رکھتا۔ میرا دل چاہتا ہے کہ میں کسی نقاد کے سے انداز میں امتیاز ساغر کی شاعری پر بحث کروں لیکن مسئلہ یہ ہے کہ نقاد اچھے خاصے شعر کا حلیہ بگاڑ دیتے ہیں اور میں زندگی کے کسی موڑ پر شاعری کے ساتھ اس قسم کی بربریت برتنے کا حوصلہ پیدا نہیں کر سکتا۔ یہ ان دنوں کا احوال ہے جب امتیاز تازہ دم تھا لیکن اب جب وہ بینک سے رٹائر ہو چکا ہے اور جسم میں بھی وہ جستی نہیں رہی جو اسے پھرکنی کی طرح حرکت میں رکھتی تھی وہ ڈھ سا گیا ہے لیکن یہ محض عمر رسیدگی کا قصہ نہیں بلکہ ادھیڑ عمری کی ایک بھول کے کارن ہے۔ امتیاز شاعر ہے اور یہ لوگ بلا کے جمال

پرست اور عاشق ہونے کی لپک رکھتے ہیں۔ سُو بھائی امتیاز بھی ڈھلتے دنوں میں اس روگ کو پال بیٹھے اور وہ لڑکی بھی جو ان سے عمر میں آدھی تھی جانے کیسے ان پر ایسی مر مٹی کی کہ ان کی شریک حیات بن کر سانس بھری۔ اس واقعہ نے امتیاز کی زندگی کو تلپٹ کر کے رکھ دیا۔ وہ نہ صرف اپنے گھر اور پیاروں سے محروم ہوا بلکہ اس عمر میں اس لڑکی کے مطالبات بھی اس کے بس کی بات نہ رہی لیکن خیر یہ رشتہ قائم ہے اور گاڑی چل رہی ہے۔ آدمی جب ہر طرف سے گھر جائے تو اسے خالق یاد آجاتا ہے۔ اب امتیاز کے کاندھے پر چادر اور ہاتھوں میں تسبیح نظر آتی ہے اور مسجدوں کے پھیرے اس کا وظیفہ ہیں اور شاعری میں حمد اور نعت لکھتا ہے۔ میرا دل چاہتا ہوں کہ اس سے کہوں بھائی دنیا بگڑ جائے تو اسے منانے کا یہ طریقہ نہیں ہے لیکن سوچتا ہوں اب اگر وہ اپنی اصل کی طرف لوٹ گیا ہے تو بہ تر ہے اسے اسی راہ پر چلنے دیا جائے۔ اگر یہاں نہیں تو شاید وہاں سرخ رو ہو جائے۔

***

مجاور۔۔۔ قیصر عالم

ہم جانتے ہیں کہ آج جو ممدوح ہمیں درپیش ہیں اُن کے تعلق سے کلام کرنا بیٹھے بٹھائے ایک ابتلا کو دعوت دینا ہے کہ موصوف اپنی اصل میں ایک سچّے اور کھرے مغل بچّے ہیں اور وہ تمام عیوب و اوصاف جنھیں مغلوں سے منسوب بتایا جاتا ہے اُن میں زندہ ظہور رکھتے ہیں اور وہ اشتعال بھی کہ اگر اُن کے بس میں ہو تو روز کتنی ہی گردنیں کاندھوں سے محروم ہو جائیں۔ یہ جو قیصر عالم اتنے دشوار نظر آتے ہیں تو یہ دشواری بھی درحقیقت اُن کا اپنا رچایا ہوا ایک ناٹک ہے، اور وہ بکھراؤ جو گویا اُن کی ذات سے ابل ابل کر اپنے اظہار کو مچلتا نظر آتا ہے، یہ بھی اِن کی اپنی جانی بوجھی کوششوں کا ثمر ہے۔ تو پھر ہمیں کیا سوجھی کے اس طبیب زادے کے پہلو کو چھری سے گدگدانے کی ٹھانی ہے۔ تو صاحب! ہم یہ حقیقت جان گئے ہیں کہ یہ ساری لپک جھپک کاغذی پنّیوں سے کیا جانے والا سنگھار ہے، تاکہ بھرم قائم رہے اور لوگ دہلتے رہیں، اپنا آپ نمایاں رکھنا ہمارے دوست کی جبلّت کا کھوٹ جانیے۔ ہم اس لمحے جناب قیصر عالم میں مبتلا ہیں اور خوب آگاہ ہیں کہ یہ ایک ابتلا کی ابتدا ہے۔

بے دھیانی سے کاڑھے ہوئے بال، جو چپکے چپکے حاضر سے غیر حاضر کا صیغہ اختیار کرتے جا رہے ہیں اور کشادہ پیشانی پر تین خفیف سلوٹیں اور قدرے کم گھنی بھوؤں کے نیچے دو متحرّک اور چوکس آنکھیں، جن پر طاری کی ہوئی بے خبری اور رنگت کا تعین آسان نہیں اور کسی یونانی کی سی کھڑی ہوئی ستواں ناک اور اُس کے نیچے پتلے پتلے ہونٹ اور اُن

پر ہلکی ہلکی مونچھیں گویا ہیں ہی نہیں اور ہونٹوں سے ذرا پرے بائیں جبڑے کی تکونی ہڈی کے آس پاس ایک بیوٹی اسپاٹ، جس کا حدود و اربعہ اُسے مسّا ثابت کر کے اُس کا حسن غارت کرنے پر تلا ہوا ہے اور دانت، جیسے اُن پر میٹھے کی مار پڑی ہو، ذرا گھسے گھسے اور کیلشیم کی کمی سے کم چمکدار اور ٹھوڑی سے ذرا اوپر سے شروع ہونے والی داڑھی کہ شرعی ہونے کی سند رکھتی ہے اور گردن سے پیر کے انگوٹھے تک کم زور جسامت، جسے برقرار رکھنے کے لیے وہ تواتر سے کارِ گفتار میں گرفتار رہتے ہیں۔ چال میں کسی لاغر چیتے کی سی چستی اور کچھوے کا سا ٹھہراؤ اور رنگت کسی چھپکلی کے پیٹ کی سی اجلاہٹ لیے ہوئے۔

جب قیصر عالم حالتِ قہقہہ میں ہوں تو اُن کا جھکا جھکا بدن جھٹکے کھاتا محسوس ہوتا ہے، اور آواز میں کسی شمشیر زن کا سا تیقّن، جب موصوف گفتگو میں سرشار ہوں تو آپ کے چاروں طرف جیسے مکڑی جالا سا بننے لگتی ہے اور آپ ایک اَن دیکھے جال میں الجھتے چلے جاتے ہیں اور کبھی کبھار نہیں اکثر اُن کا جوشِ خطابت محفل میں کلام کے لطف کو غارت کر ڈالتا ہے۔ انھیں زیرِ بحث موضوع کو کسی بھی دوسرے موضوع سے خلط ملط کر دینے میں کمال کا ملکہ حاصل ہے۔ بات ڈرامے کی ہو رہی ہو تو اُنھیں شیکسپیئر کی شاعری کی ریشِ مبارک مسکرانے میں مشغول رہتی ہے۔ اِس مسکراہٹ میں ایک طنطنہ، ایک استہزا اور دو لفظوں کی واضح بازگشت ہوتی ہے۔۔ کیا سمجھے؟ اپنے اس اکیلے پن کو زندہ و توانا رکھنے کے لیے اُن کا پورا وجود خاص طور سے اُن کی آنکھیں ہمیشہ چوکس و ہشیار رہتی ہیں، آدمی ذرا اُن سے مانوس ہوا نہیں کہ اُن کا رنگ بدلا، اور پھر یکایک ایک درندہ دانت نکوسنے لگتا ہے اور داڑھی کی مسکراہٹ لمحہ بہ لمحہ گہری اور گہری ہوتی چلی جاتی ہے اور زبان سو اُس کی دھار کا کیا کہنا۔

قیصر عالم ایک مشکل آدمی ہیں، اُن کا احوال لکھتے ہوئے انگلیاں فگار ہو سکتی ہیں۔

سانس ٹوٹ سکتی ہے اور یہ تو ممکن ہی نہیں کہ آپ اپنی نفی کیے بغیر اُن پر کچھ لکھ سکیں کہ یہ اُن کے لیے ایک حساس معاملہ ہے۔ جہاں وہ ہوں، وہاں بس وہی نظر آنا چاہتے ہیں۔ شاید وہ کہیں ہیں ہی نہیں ورنہ اپنے ہونے پر اصرار کی یہ شدّت کیا معنی رکھتی ہے؟ لیکن اِس وقت میں اُن میں ملوّث ہوں وہ ہیں اور بڑے طمطراق سے منظر پر چھائے ہوئے ہیں اور میں ایک سامع واحد غیر متکلّم ۔۔۔ اُن کی دھوپ چھاؤں سے دوچار، کبھی میرے چاروں طرف خنک سی پھوار پڑنے لگتی ہے اور کبھی اچانک مجھے آگ آگھیرتی ہے اور محسوس ہوتا ہے کہ جیسے مجھے جہنم کے آخری درجے میں لا پھینکا گیا ہو اور پھر اُن کے ساتھ گزری وہ ساعتیں جن کا خیال آتے ہی میرے ارد گرد جیسے سیاہ اجالا سا بکھر جاتا ہے اور دور دور تک غیبت کی شمعیں جھلملانے لگتی ہیں۔

جلال اور جمال کا امتزاج ہی میرے ممدوح کی شخصیت کا واحد وصف نہیں، اُن میں کتنے ہی اور بہت سے ٹیڑھ ہیں۔ حقیقت یہ ہے کہ ان کی پوری شخصیت کی بنت میں ضدین کا خاص اہتمام رکھا گیا ہے۔ اُن میں خود پرستی اور بے نیازی، اپنائیت اور بے گانگی، ترتیب و بے ترتیبی، سلیقہ و بکھروا، آگہی و بے خبری، آسودگی و محرومی وجود رکھتی ہیں اور یہ تمام کی تمام کیفیتیں اپنے نکتہ عروج پر ہیں۔ اُن کے مزاج کی یہ انتہا پسندی سچ یہ ہے کے اُن میں ایک دوسرے سے یکسر مختلف بلکہ دست و گریباں لیکن آپس میں گندھے ہوئے جذبوں کے اُن میں نمو پانے اور پروان چڑھنے کے باعث وجود میں آئی ہیں۔

قیصر عالم کے بارے میں اُن کے ایک دوست کا کہنا ہے کہ موصوف نہ خود کچھ کرتے ہیں نا کسی کو کچھ کرتے دیکھ سکتے ہیں۔ یہ اُن کا خیال ہے لیکن ہم سمجھتے ہیں کہ ہمارے دوست جس لگن، محنت اور انہماک سے اپنا آپ ضائع کر رہے ہیں، یہ بھی کوئی

کارِ آسان نہیں۔ یوں ہمارے ممدوح نے کیا نہیں کیا، انسانوں اور اشیا میں کیڑے نکالنا تو خیر اُن کا کُل وقتی مشغلہ ہے ہی، لیکن یادش بخیر وہ دن جب ہمارے دوست ایک ادارے میں ملازم تھے اور اُن کی سکہ شاہی عروج پر تھی۔ اگر اُن دنوں آپ ان کے دفتر کی اٹھائیس سیڑھیاں چڑھ کر ایک بندوق بردار سے پہلو بچاتے ہوئے دروازے میں داخل ہوتے تو دائیں جانب آپ کو ایک سیاہ دیوارِ گریہ نظر آتی، جس کی سیاہی پر سرخ رنگ سے لکھا، اُن کے ادارے کا نام مسلسل حالتِ غسل میں نظر آتا جیسے اُسے مسلسل پاک رہنے کی سزا سنادی گئی ہو اور سامنے افسر انتظام کی کابک جس کے شیشوں کی دیواروں سے ابلتی، اُس کی آواز ہی شاید اُس کی واحد لیاقت تھی، اور اُس کے پہلو میں چیف کاپی رائٹر کا کمرا جو قیصر عالم کی شاگردی اور استادی کے دوہرے بوجھ سے نڈھال، اُن کی غزلوں نظموں پر داد دیتے، اُن کے ساتھ مل کر گرد و پیش کو غیبت کی شمعوں سے جگمگاتے اور سب سے اہم قیصر عالم کے کلامِ بے بدل کی مداحی، غرض کتنے ہی کام تھے، جنھیں شوکت عابد اپنی جان ناتواں پر جھیلتے اور اس پر طرہ یہ کے ہمارے قیصر عالم اس کے باوجود اُن کی صلاحیتوں کے شاکی رہتے۔ یہ بہرحال ماننا پڑے گا کے ہمارے ممدوح کے یہ ماتحت کامیاب نوکری کے گر خوب جانتے تھے، اور اُن کے کمرے سے جڑے دو اور کمرے پھر ایک تنگ سی راہ داری اور اسی کے ساتھ ایک شیشے کی دیوار جس کے اُس پار بڑی سی میز کے عقب میں دھری ایک گھومنے والی کرسی، جو اپنے مالک کے فراق میں اکیلے پن کا عذاب جھیلتی کے قیصر عالم کو اپنا اقتدار برقرار رکھنے کے لیے بڑا متحرک رہنا پڑتا تھا۔ کرسی کے بائیں جانب ایک ریک، جس پر دیگر کتابوں کے علاوہ ایک بیمار شاعر کی باتصویر شاعری کا مجموعہ، جس میں اُس نے اساتذہ کے کلام کی تضمین نہیں تذلیل کی ہے اور میز پر رکھا ایک آلۂ صوت جس پر کلام کرنا قیصر عالم کسرِ شان خیال کرتے اور میز کے دائیں

جانب ایک پرانا صوفہ جو ہمارے ممدوح کی للکِ گفتار کے لیے سامعین کا منتظر رہتا، اوراس کے پہلو میں رکھا ایک اسٹینڈ جس پر رکھے ٹیلی وژن پر قیصر عالم کمرشلز کے علاوہ کرکٹ سے بھی لطف اندوز ہوتے، اور ہاں اس کمرے کے نکڑ پر ایک اور کابک، جس میں مرتب مرزا(مبین مرزا) دیوار کے روبرو رہنے کے پابند تھے۔ جن کی دلچسپی ادب کے گمبھیر موضوعات، خطوط عالیانِ ادب اور تنقید، شاعری، کہانیوں اور کتابوں پر گفتگو سے تھی، جس میں وہ ترجمے کے رموز بیان فرماتے اور یہ اور وہ اور اُن کی آخری محبت مکالمہ کہ موصوف اُس کے مدیر بھی تھے، اُن سے قیصر عالم کو یہ شکایت ہی رہی کہ میاں تم اپنا پاؤ ڈیڑھ پاؤ رکھ کر ہی بات کرتے ہو۔

میں نے قیصر عالم کو اپنے دفتر میں کبھی کام کرتے نہیں دیکھا۔ اُن کے کمرے میں باتیں ہوتیں، شعر سنائے جاتے اور مضمون پڑھے جاتے اور تحریروں اور شخصیتوں میں کیڑے نکالے جاتے اور ارشاداتِ قیصر عالم سماعت کیے جاتے اور لوگوں کی عدم اہلیت پر روشنی ڈالی جاتی اور دوستوں کی عزتِ نفس پر تازیانے لگائے جاتے اور منصوبے بنائے جاتے اور اور۔۔۔ غرض یہ ایک قصۂ طول وطویل ہے، مختصر یہ کہ قیصر عالم کی انا کو بیمار کرنے کے لیے یہاں بہت سامان اکٹھا کیا گیا۔ اس ادارے میں قیصر عالم تین بار آئے اور گئے، اب سنا ہے کہ انھیں حتمی طور پر بے دخل کر دیا گیا ہے یا شاید وہ خود ہی اِدھر کا راستا بھول بیٹھے ہیں یا جانے سچ کیا ہے، غرض جتنے منھ اتنی باتیں۔

قیصر عالم کے والد اپنے وقت کے ایک حاذق حکیم اور بڑے سخت اصول پرست باپ تھے۔ اُن کی شیر کی سی نگاہ نے قیصر عالم کی تربیت اور تعلیم میں ایک بڑا اہم کردار ادا کیا۔ جوان بیٹے کے ہر پل پر بوڑھا باپ کڑی نظر رکھتا اور جہاں جوانی زور دکھاتی وہیں دو تجربہ کار بوڑھی آنکھیں اُس کے محاسبے کو موجود ہوتیں۔ اس گہری نگہداشت اور گھریاد

آتی ہے اور زیرِ سخن شاعری ہو تو قیصر عالم کو سولہویں صدی میں لکھی ٹریجڈیز کا یاد آجانا کچھ عجب نہیں۔ دراصل ہمارے دوست سے یہ بات ہضم ہی نہیں ہوتی کہ کوئی ایک نکتہ، کوئی ایک بات ایسی بھی ہو سکتی ہے جس سے وہ باخبر نہ ہوں۔ اگر کہیں ایسا موقع آجائے تو وہ ترنت بات کو کہیں سے کہیں پہنچا دیتے ہیں۔

آدمی اگر خیر سے کچھ زیادہ پڑھ جائے تو اُس کے لیے تو خیر مسائل پیدا ہوتے ہی ہیں، وہ خود بھی دوسروں کے لیے اچھا خاصا مسئلہ بن جاتا ہے۔ ہمارے قیصر عالم کتاب سے وارفتگی کی حد تک تعلّق کے باعث کتنے ہی موضوعات کی لاتعداد کتابوں سے گزر چکے ہیں۔ علم کے اس انبار سے اُن کا کچھ بنا بگڑا ہو یا نہیں، یہ ضرور ہے کے اُن میں اپنے حوالے سے اٹل یقینِ یکتائی جڑیں پکڑ گیا ہے اور جب کوئی آدمی اپنے اوّل و آخر ہونے پر غیر متزلزل ایمان لے آئے تو اُس کے لیے تنہا رہ جانے کے سوا اور کوئی راستا نہیں رہتا، اور اگر آدمی تمام عمر کے لیے اکیلے پن میں جا پھنسے تو اس بات کا اندازہ لگانا قدرے دشوار نہیں کہ وہ اپنے رویے میں کس درجہ ہولناک ثابت ہو سکتا ہے۔ یہ ہولناکی ہمارے ممدوح میں پورے کرّوفر سے وجود رکھتی اور اظہار پاتی ہے۔ یہ فرزندِ طبیب کے جس نے ہاون دستے کی دھمک سے بیمار کی عیادت کا سلیقہ سیکھا اور عطار بنا تو اُس پر چمگادڑوں کی بیٹ کے خواص منکشف ہوئے اور کرکٹ میں خوش اطواری اور شکار میں روح کا گداز نصیب ہوا۔ مارشل آرٹس سے گزرا تو اپنی توپ دَم طبیعت کو گرفت کرنے کا ہنر آیا۔ موسیقی سے شناسائی ہوئی تو لفظوں کو معطر رکھنے کا فن سیکھا اور یہ بات کہ اب اُنھوں نے اپنے اندر کے اژدھے کے زہر کو مار کر اُسے بے ضرر بنالیا ہے، ایک طفل تسلی سے بڑھ کے کچھ اور نہیں کہ موذی کی ہمرہی میں ہمیشہ جان کا کھٹکا لگا رہتا ہے۔

قیصر عالم کے لیے ہر نارمل آدمی ایک مسخرہ ہے اور وہ ہر آدمی سے کسی مسخرے کا

سا ہی سلوک بھی کرتے ہیں، سوائے اُس ایک آدھ کے جو۔۔۔ خیر جانے دیجیے۔ اب ہمارے دوست کے گرد گویا اُن کی ذاتی اصطلاح میں مسخروں کا ایک میلہ سا لگا ہوا ہے اور مسخروں کی اِس بھیڑ میں تنہا قیصر عالم اپنی تنہائی سے لڑتے لڑتے نڈھال ہو چلے ہیں۔ اس مسلسل پیکار نے سب سے بڑھ کر اُن کے دل کو متاثّر کیا ہے، جس کے جھٹکا کھا جانے سے اُن کے پورے وجود کو ایک مسلسل تھکن نے آگھیرا ہے، اور جب آدمی دل ہی ہار بیٹھے تو روزانہ سات بجے رنگ برنگی گولیاں کھانے کے سوا اور کیا رہ جاتا ہے۔ ہمارے دوست ذوقِ گفتار سے شرابور ہیں اور جہاں اُنھیں دو چار مسخرے میسر آ جائیں، یہ بے خطر دریائے تکلم کے بند توڑ پھوڑ ڈالتے ہیں اور پھر الفاظ کا سیلاب سب کچھ بہا لے جاتا ہے۔ اس زورِ خطابت میں قیصر عالم موضوع کو بھی خاطر میں نہیں لاتے، موضوع چاہے کچھ بھی ہو اُنھیں بولنے سے کام ہے۔ اِس سمے ان کے دائیں ہاتھ میں مشرقی اور بائیں میں مغربی کلاسکس کے حوالوں کے انبار ہوتے ہیں اور ہونٹ، سو اُن پر تفسیر بدبداتی رہتی ہے اور ٹھوڑی تک محدود اُنکی ریشِ مبارک مسکرانے میں مشغول رہتی ہے۔ اِس مسکراہٹ میں ایک طنطنہ، ایک استہزا اور دو لفظوں کی واضح بازگشت ہوتی ہے۔۔۔ کیا سمجھے؟ اپنے اس اکیلے پن کو زندہ و توانا رکھنے کے لیے اُن کا پورا وجود خاص طور سے اُن کی آنکھیں ہمیشہ چوکس و ہشیار رہتی ہیں، آدمی ذرا اُن سے مانوس ہوا نہیں کہ اُن کا رنگ بدلا، اور پھر یکا یک ایک درندہ دانت نکوسنے لگتا ہے اور داڑھی کی مسکراہٹ لحہ بہ لحہ گہری اور گہری ہوتی چلی جاتی ہے اور زبان سو اُس کی دھار کا کیا کہنا۔

قیصر عالم ایک مشکل آدمی ہیں، اُن کا احوال لکھتے ہوئے انگلیاں فگار ہو سکتی ہیں۔ سانس ٹوٹ سکتی ہے اور یہ تو ممکن ہی نہیں کہ آپ اپنی نفی کیے بغیر اُن پر کچھ لکھ سکیں کہ یہ اُن کے لیے ایک حساس معاملہ ہے۔ جہاں وہ ہوں، وہاں بس وہی نظر آنا چاہتے

ہیں۔ شاید وہ کہیں ہیں ہی نہیں ورنہ اپنے ہونے پر اصرار کی یہ شدّت کیا معنی رکھتی ہے؟ لیکن اِس وقت میں اُن میں ملوّث ہوں وہ ہیں اور بڑے طمطراق سے منظر پر چھائے ہوئے ہیں اور میں ایک سامع واحد غیر متکلّم۔۔۔ اُن کی دھوپ چھاؤں سے دوچار، کبھی میرے چاروں طرف خنک سی پھوار پڑنے لگتی ہے اور کبھی اچانک مجھے آگ آگھیرتی ہے اور محسوس ہوتا ہے کہ جیسے مجھے جہنم کے آخری درجے میں لا پھینکا گیا ہو اور پھر اُن کے ساتھ گزری وہ ساعتیں جن کا خیال آتے ہی میرے اردگرد جیسے سیاہ اجالا سا بکھر جاتا ہے اور دور دور تک غیبت کی شمعیں جھلملانے لگتی ہیں۔

جلال اور جمال کا امتزاج ہی میرے ممدوح کی شخصیت کا واحد وصف نہیں، اُن میں کتنے ہی اور بہت سے ٹیڑھ ہیں۔ حقیقت یہ ہے کہ ان کی پوری شخصیت کی بنت میں ضدین کا خاص اہتمام رکھا گیا ہے۔ اُن میں خود پرستی اور بے نیازی، اپنائیت اور بے گانگی، ترتیب و بے ترتیبی، سلیقہ و بکھرواِ، آگہی و بے خبری، آسودگی و محرومی وجود رکھتی ہیں اور یہ تمام کی تمام کیفیتیں اپنے نکتہ عروج پر ہیں۔ اُن کے مزاج کی یہ انتہا پسندی سچ یہ ہے کے اُن میں ایک دوسرے سے یکسر مختلف بلکہ دست و گریباں لیکن آپس میں گندھے ہوئے جذبوں کے اُن میں نمو پانے اور پروان چڑھنے کے باعث وجود میں آئی ہیں۔

قیصر عالم کے بارے میں اُن کے ایک دوست کا کہنا ہے کہ موصوف نہ خود کچھ کرتے ہیں نا کسی کو کچھ کرتے دیکھ سکتے ہیں۔ یہ اُن کا خیال ہے لیکن ہم سمجھتے ہیں کہ ہمارے دوست جس لگن، محنت اور انہماک سے اپنا آپ ضائع کر رہے ہیں، یہ بھی کوئی کارِ آسان نہیں۔ یوں ہمارے ممدوح نے کیا نہیں کیا، انسانوں اور اشیا میں کیڑے نکالنا تو خیر اُن کا کل وقتی مشغلہ ہے ہی، لیکن یادش بخیر وہ دن جب ہمارے دوست ایک ادارے

میں ملازم تھے اور اُن کی سکہ شاہی عروج پر تھی۔ اگر اُن دنوں آپ ان کے دفتر کی اٹھائیس سیڑھیاں چڑھ کر ایک بندوق بردار سے پہلو بچاتے ہوئے دروازے میں داخل ہوتے تو دائیں جانب آپ کو ایک سیاہ دیوارِ گریہ نظر آتی، جس کی سیاہی پر سرخ رنگ سے لکھا، اُن کے ادارے کا نام مسلسل حالتِ غسل میں نظر آتا جیسے اُسے مسلسل پاک رہنے کی سزا سنادی گئی ہو اور سامنے افسر انتظام کی کابک جس کے شیشوں کی دیواروں سے ابلتی، اُس کی آواز ہی شاید اُس کی واحد لیاقت تھی، اور اُس کے پہلو میں چیف کاپی رائٹر کا کمرا جو قیصر عالم کی شاگردی اور استادی کے دوہرے بوجھ سے نڈھال، اُن کی غزلوں نظموں پر داد دیتے، اُن کے ساتھ مل کر گردو پیش کو غیبت کی شمعوں سے جگمگاتے اور سب سے اہم قیصر عالم کے کلامِ بے بدل کی مداحی، غرض کتنے ہی کام تھے، جنھیں شوکت عابد اپنی جان ناتواں پر جھیلتے اور اس پر طرہ یہ کے ہمارے قیصر عالم اس کے باوجود اُن کی صلاحیتوں کے شاکی رہتے۔ یہ بہر حال ماننا پڑے گا کے ہمارے ممدوح کے یہ ماتحت کامیاب نوکری کے گر خوب جانتے تھے، اور اُن کے کمرے سے جڑے دو اور کمرے پھر ایک تنگ سی راہ داری اور اسی کے ساتھ ایک شیشے کی دیوار جس کے اُس پار بڑی سی میز کے عقب میں دھری ایک گھومنے والی کرسی، جو اپنے مالک کے فراق میں اکیلے پن کا عذاب جھیلتی کے قیصر عالم کو اپنا اقتدار برقرار رکھنے کے لیے بڑا متحرک رہنا پڑتا تھا۔ کرسی کے بائیں جانب ایک ریک، جس پر دیگر کتابوں کے علاوہ ایک بیمار شاعر کی باتصویر شاعری کا مجموعہ، جس میں اُس نے اساتذہ کے کلام کی تضمین نہیں تذلیل کی ہے اور میز پر رکھا ایک آلۂ صوت جس پر کلام کرنا قیصر عالم کسرِ شان خیال کرتے اور میز کے دائیں جانب ایک پرانا صوفہ جو ہمارے ممدوح کی للکِ گفتار کے لیے سامعین کا منتظر رہتا، اوراس کے پہلو میں رکھا ایک اسٹینڈ جس پر رکھے ٹیلی وژن پر قیصر عالم کمرشلز کے علاوہ

کرکٹ سے بھی لطف اندوز ہوتے، اور ہاں اس کمرے کے نکڑ پر ایک اور کابک، جس میں مرتب مرزا (مبین مرزا) دیوار کے روبرو رہنے کے پابند تھے۔ جن کی دلچسپی ادب کے گمبھیر موضوعات، خطوط عالیانِ ادب اور تنقید، شاعری، کہانیوں اور کتابوں پر گفتگو سے تھی، جس میں وہ ترجمے کے رموز بیان فرماتے اور یہ اور وہ اور اُن کی آخری محبت مکالمہ کہ موصوف اُس کے مدیر بھی تھے، اُن سے قیصر عالم کو یہ شکایت ہی رہی کہ میاں تم اپنا پاؤ ڈیڑھ پاؤ رکھ کر ہی بات کرتے ہو۔ میں نے قیصر عالم کو اپنے دفتر میں کبھی کام کرتے نہیں دیکھا۔ اُن کے کمرے میں باتیں ہوتیں، شعر سنائے جاتے اور مضمون پڑھے جاتے اور تحریروں اور شخصیتوں میں کیڑے نکالے جاتے اور ارشاداتِ قیصر عالم سماعت کیے جاتے اور لوگوں کی عدم اہلیت پر روشنی ڈالی جاتی اور دوستوں کی عزتِ نفس پر تازیانے لگائے جاتے اور منصوبے بنائے جاتے اور اور۔۔۔ غرض یہ ایک قصۂ طول و طویل ہے، مختصر یہ کہ قیصر عالم کی انا کو بیمار کرنے کے لیے یہاں بہت سامان اکٹھا کیا گیا۔ اس ادارے میں قیصر عالم تین بار آئے اور گئے، اب سنا ہے کہ انھیں حتمی طور پر بے دخل کر دیا گیا ہے یا شاید وہ خود ہی اِدھر کا راستا بھول بیٹھے ہیں یا جانے سچ کیا ہے، غرض جتنے منھ اتنی باتیں۔

قیصر عالم کے والد اپنے وقت کے ایک حاذق حکیم اور بڑے سخت اصول پرست باپ تھے۔ اُن کی شیر کی سی نگاہ نے قیصر عالم کی تربیت اور تعلیم میں ایک بڑا اہم کردار ادا کیا۔ جوان بیٹے کے ہر پل پر بوڑھا باپ کڑی نظر رکھتا اور جہاں جوانی زور دکھاتی وہیں دو تجربہ کار بوڑھی آنکھیں اُس کے محاسبے کو موجود ہوتیں۔ اس گہری نگہداشت اور گھر کے علمی ماحول میں پڑھ بڑھ کے ہمارے ممدوح کراچی یونی ورسٹی پہنچے اور وہاں اپنی تعلیم مکمّل کی۔ اُس دور کے بارے میں بھی قیصر عالم یہ بتانے سے نہیں چوکتے کہ اس

درس گاہ میں وہ علم ہی حاصل نہیں کرتے رہے بلکہ وہاں اُنھوں نے علم بانٹا بھی بہت۔۔۔ گویا خود پرستی کا شیطان بچپن ہی سے اُن کے ہم کاب ہے۔

کسبِ روزگار کے لیے بھی انھوں نے لفظ کا انتخاب کیا۔ ہمارے دوست گیارہ ماہ اور سات دن تک صحافت کے پیشے سے با قاعدہ منسلک رہے، جس کے دوران انھوں نے اداریے اور اخبار کی سرخیاں لکھیں، لیکن جب انھیں پروف ریڈنگ کی نگرانی سونپی گئ تو وہ ہاتھ جھاڑتے ہوئے دفتر کو خیر باد کہہ آئے کہ زمین بڑی وسیع تھی اور اُن کے تئیں تو اُن میں صلاحیتوں کا ٹھاٹھیں مارتا دریا موجزن تھا۔ اب وہ مضمون نویسی کر رہے تھے اور اس کام میں اُن کی چستی کا وہ عالم تھا کہ ایک ہفتے میں بدیسی زبان کے دس پرچوں کے لیے مضمون لکھ ڈالتے۔ مضمون لکھنے کا بھی اُن کا اپنا الگ ڈھنگ تھا۔ وہ سیدھے ٹائپ رائٹر پر جا بیٹھتے اور کھٹ کھٹ کی آواز سے کمرا گونجنے لگتا اور جب شور تھمتا تو مضمون ہاتھ باندھے تیار ہوتا۔ کوئی ایڈیٹر کم ہی اُن کے لکھے پر قلم لگانے کی ضرورت محسوس کرتا۔ کاغذ ٹائپنگ مشین سے نکل کر سیدھا کمپوزنگ سیکشن کے سپرد کر دیا جاتا اور قیصر عالم کسی اور منزل کی طرف رواں دواں ہو جاتے۔ کسی آنچ کھائے ہوئے آدمی کی طرح اُن کی شخصیت سے کسی غیر مرئی لاوے کے بہاؤ کا احساس ہوتا ہے، اُن کی ذات میں چھپی یہ بے پناہ قوت عدم استعمال کے باعث اب جیسے گلنے سڑنے لگی ہے اور اُن کی یہ بے کلی شاید اسی تعفّن سے بچنے کی غیر شعوری کوشش ہے۔ جس کی انگلی تھامے موصوف دنیا کے ایک کونے سے دوسرے کونے تک ہو آئے ہیں اور اس سفر کا حاصل وہ کڑواہٹ ہے جس نے انھیں سب سے الگ تھلگ کر دیا ہے بظاہر یہ خود مسخروں سے کٹے بیٹھے ہیں۔ قیصر عالم میں ایک پوری خانقاہ اور مملکت وجود رکھتی ہے۔ ان کی شہزادگی اور غیض و غضب ایک نئے معنوں کے جلو میں اپنا اظہار کرتے ہیں۔ اُن کے اندر ایک پیکار مچی ہوئی

ہے۔ اب انھوں نے فیصلہ کیا ہے کہ وہ لکھنا ترک کر دیں گے۔ حالاں کہ شاید لکھا ہوا لفظ ہی اُن کے لیے اکسیر کا حکم رکھتا ہے۔ شاید انھیں خدشہ ہے کہ اس عمل میں وہ اپنا آپ بھلا بیٹھیں گے اور یہ ظاہر ہے انھیں کسی صورت منظور نہیں ہو سکتا۔ جتنی محبت موصوف اپنے آپ پر وارتے ہیں، اپنی ذات پر وارفتگی کا یہ اعلیٰ مقام کم لوگوں کو نصیب ہوتا ہے۔

قیصر عالم کی زندگی کا ایک بڑا تجربہ تین منٹ کی جسمانی موت تھی۔ جس میں وہ اِس پوری مدّت کے دوران اس عالم رنگ و بو سے کٹے رہے۔ اُن کے اندر کے کرنٹ نے اپنے باہر کے کرنٹ سے ہیلو ہائے کی اور وہ معانقے پر اتر آیا اور قیصر عالم بے جان ہونے کے بے مثال تجربے سے دوچار ہوئے۔ دنیا سے اس مختصر کٹاؤ نے اُن کے شعوری تجربوں میں تو شاید ہی کوئی اضافہ کیا ہو لیکن غیر شعوری طور پر قبر سے اُن کا رشتہ مستحکم بنیادوں پر استوار ہو گیا۔ ان کے لیے موت ایک مہمان اور قبر ایک مکان بن گئی۔ ہر تازہ تازہ کھدی قبر میں اتر کر اُس کے مکین کا خیر مقدم کرنا قیصر عالم اپنا اخلاقی اور دینی فریضہ گردانتے ہیں۔ اس کام میں اُن کے تپاک کا یہ عالم ہے کہ قبر کے سرہانے پہنچنے میں ایسی برق رفتاری کا مظاہرہ کرتے ہیں جیسے خود انھوں نے موت کو اپنے تعاقب میں دیکھ لیا ہو۔

کرنٹوں کے باہمی معانقے کے بعد مکمّل بحالی تک انھیں چھے ماہ اسپتال میں گزارنے پڑے۔ قیصر عالم نے اسپتال سے زیادہ موت کو کہیں اور بے توقیر ہوتے نہیں دیکھا۔ نا اس کی آمد کا کوئی خوف، نہ اُس کے جانے پر کوئی آنسو۔ بہت ہوا تو پلنگ کے گرد ایک پارٹیشن سا لگا کر بستر کی چادر اور تکیہ بدل دیا۔ اسپتال میں قیام کے دوران انھوں نے ۴۵ افراد کو موت کی ہمرہی میں جاتے دیکھا، بس رات یا دن کے کسی کونے میں اچانک سرگوشیاں ابھرتیں، پھر اونچی ہیل کی ٹھک ٹھک اور کسی بستر کے گرد ایک پارٹیشن اور

اسی کے ساتھ موت کی بے آواز چاپ اور قیصر عالم اپنی فہرست میں ایک اور نمبر کا اضافہ کر لیتے۔

جو لوگ اپنا ایک قبیلہ نہ رکھتے ہوں ان کے لیے دنیا سے رابطہ اور معاملہ آسان نہیں ہوتا، ایسی صورت میں وہ عموماً کٹھن صورت حال سے دوچار رہتے ہیں کچھ یہ ہی معاملہ ہمارے دوست کو بھی درپیش ہے۔ شاعر و ادیب انھیں مرغوب نہیں، مولویوں کا وفور انھیں بے مزا کرتا ہے، اب لے دے کے جو دو چار احباب یعنی قیصر عالم کے بقول مسخرے بچے ہیں اب وہ بھی اُن کے منھ آنے سے باز نہیں آتے۔ بہت منضبط اور اکل کھرے اُن کی حد سے بڑھی ہوئی نفاست پر گراں گزرتے ہیں جیسے انھیں ان کے وجود سے ایک ناگوار بو محسوس ہونے لگتی ہے اور کچھ بعید نہیں کہ وہ کیا کر گزریں۔ قیصر عالم کے لیے عامیوں سے مکالمہ کرنا ایک ساعتِ ناپسندیدہ ٹھہرتی ہے، لیکن اب اپنا جیسا کوئی تلاش کر لینا خود اُن کے لیے بھی اتنا آسان نہیں۔ اس مٹّی کو جانے کون سا پانی بہا کر لے گیا جس سے اِنھیں تشکیل دیا گیا تھا۔ سو اب یہ اپنا جیسا ایک اور کہاں سے لائیں؟ تو اب یہ تنہا ہیں اور یہ ایک ایسی تنہائی ہے جس میں اُن کے چاروں طرف مردہ آوازوں اور ناگوار سرگوشیوں کا میلہ سا لگا ہوا ہے، کوئی چاہے کچھ بھی کہے کم از کم قیصر عالم یہی قیاس رکھتے ہیں۔

قیصر عالم بیالیس سال تک شعر اور شاعر کو مسترد کرتے رہے لیکن لفظ کی قوّت اپنے اظہار کا وقت خود متعین کرتی ہے۔ شاعر انھیں اب بھی زیادہ مرغوب نہیں لیکن شاعری کا جادو اُن کے سر چڑھ کر بول رہا ہے۔ وہ آدمی جس کے انگوٹھے کے پاس پہنچ کے موت کی چاپ معدوم ہو گئی اور جس نے ۴۵ روحوں کو وجود سے عدم کی طرف سفر کرتے تجربہ کیا اور جس نے اَن گنت انسانوں کو قبر میں اتارا اور کھلے میدانوں میں چڑیوں کے اژدہام

کو آسمانوں کی طرف چونچ اٹھائے بے آسرا مردہ پڑے دیکھا اور جو دنیا جہاں میں گھومتا پھرا اور جس نے تمام زندگی ایک میلے کے بیچ تنہا رہتے گزار دی، وہ جب یہ تجربے لکھنے بیٹھے گا تو اُس کے چہار جانب ایک صحرا ہوگا اور ایک چاند جسے یہ چراغ بھی نہیں بنا سکتا اور تنہائی، ایسی تنہائی جس کی مثال ممکن نہیں۔ وہ لکھتا ہے اور لفظ کاٹ دیتا ہے کہ اُس کے احساس کی شدّت اور تجربے کی سفاکی کو سہارنا لفظ کی استطاعت سے کچھ زیادہ ہے، لیکن کون جانے کہ کب شاعری اُنھیں خود لکھنے کا فیصلہ کرلے۔

ہٹلر سے لے کر ٹیپو سلطان، شیکسپیئر سے ثروت حسین، میر تقی میرؔ سے سلیم احمد اور شاہ ولی اللہ سے محمد حسن عسکری تک سب کا نام اور کام ان کے احاطۂ علم میں ہے۔ قیصر عالم کی گفتگو سے ایسا لگتا ہے جیسے یہ سب زندہ سلامت اپنے ہاتھوں میں اپنی سوانح کے کتبے اٹھائے، اُس کے روبرو موجود ہوں۔ محمد حسن عسکری کو یہ اپنا استاد بتاتے ہیں اور شاید اُن ہی کے زیرِ اثر فرانسیسی کو انگریزی کے مقابلے میں زیادہ گہری اور تہہ دار زبان قرار دیتے ہیں اور سلیم احمد کو ''ایک'' آدمی اور آج کل ملّا کی دوڑ مسجد کے مصداق جب انھیں ہر چیز بے معنی نظر آتی ہے تو وہ ٹکٹ کٹا کر لاہور جا پہنچتے ہیں۔ وہاں احمد جاوید صاحب کا آستانہ ہے۔ احمد جاوید صاحب اِن کے لیے پہلے پورے آدمی کا درجہ رکھتے ہیں اور یہ بھی شاید اس لیے کہ اتفاق سے اونٹ پہاڑ کے نیچے آگیا ہے۔

مجھے کبھی کبھی گمان ہوتا ہے کہ جیسے کسی نے اُن پر آبِ مقدّس کے چھینٹے مار دیے ہیں، جس سے اُن میں دہکتے جہنم کے گلزار میں بدلنے کا عمل شروع ہو چکا ہے، لیکن میں سوچتا ہوں یہ آگ انھیں کندن بھی بنا سکتی تھی۔

***